<그리스도인이면 꼭 알아야 할 성경 지식>

섭리로 보존된
성경의 유래

서울솔로몬학교 성경연수원

차 례

이 책에 인용된 성경 구절은 〈한글킹제임스성경〉입니다.

제1과

하나님의 영감으로 기록된 무오한 성경

『모든 성경은 하나님의 영감으로 주어진 것으로 교리와 책망과 바로잡음과 의로 훈육하기에 유익하니 이는 하나님의 사람이 온전하게 되며, 모든 선한 일에 철저히 구비되게 하려 함이니라』 (딤후 3:16,17).

섭리로 보존된 성경을 수호한 피터 럭크만

나의 사역은 "하나님의 말씀"인 〈킹제임스성경〉을 지키는 일이다. 만일 나의 양식, 곧 하나님의 말씀에 "독"을 뿌리는 자가 있다면, 나는 그가 누구이든지 간에 그냥 놔두지 않는다. "거룩한 성경"을 훼손하는 자들이 사방에서 나를 에워싸고 공격한다 해도, 설령 그 수가 많다 해도 나는 그들에게 덤벼들어 목덜미를 물어뜯을 것이다. 절대로 겁내거나 주눅 들지 않고 그들을 향해 덤벼들어 죽을힘을 다해 물고 늘어져 숨통을 끊어 놓고 말 것이다. 나는 오직 하나님의 말씀에 "오물"을 뿌리는 자들에게만 덤벼들 뿐이다. 이것이 바로 하나님께서 내게 맡기신 사역이다!

나는 〈킹제임스성경〉을 지키고 있는 내 영역에 들어와서 하나님의 말씀을 훼손하고 더럽히며 엉망으로 헝클어 놓으려는 자들을 없애 달라고 하나님께 항상 기도한다. 주인이 맡긴 귀중한 보따리를 누가 훔쳐 가는 것을 보고서도 짖지 않고 눈만 껌뻑거리는 개가 있다면 그 개가 "충견"이겠는가? 과연 그런 개를 주인이 어떻게 할 것 같은가? "밥 존스 1세"는 종종 이렇게 말했다. "혼자라도 하나님과 함께라면 다수를 이길 수 있다." 하나님께서 당신에게 명령하신 것을 주님께서 가르쳐 주신 방법대로 행하기만 한다면, 50만 명이나 되는 다수가 당신을 대적해 오더라도 당신은 능히 그들을 향해 당당히 맞서 싸워 이길 수 있다. 하나님께서 당신에게 바라시는 것을 하나님께서 원하시는 방법대로 당신이 하고 있기만 한다면, 어떤 다수도 당신을 건드릴 수 없는 것이다. "하나님께서 함께하신다면 다수는 당신이고, 당신을 공격하는 대적들이 소수이다!"

하나님께서 자신을 나타내시는 방법

영원무궁토록 살아 계시는 하나님께서 친히 자신을 계시하실 때에야 비로소 인간은 하나님에 관해 알 수 있다. 하나님을 올바르게 알 때 주님을 향한 "올바른 믿음"이 생긴다. 그렇다면 하나님께서는 인류에게 어떤 방법으로 자신을 나타내시는가?

첫째, 하나님께서는 친히 "창조하신 만물을 통해" 자신을 계시하신다. 『**이는 하나님을 알 만한 것이 그들 속에 나타나 있기 때문이니 하나님께서 그것을 그들에게 보이셨음이라. 세상의 창조 때부터 그분에 속한 보이지 않는 것들이 분명히 보여졌고 심지어는 그분의 영원한 능력과 신격까지도 만들어진 것들에 의해 알려졌으므로 그들이 변명하지 못하느니라**』(롬 1:19,20). 하나님께서 창조하신 하늘들은 그분의 영광을 선포하고 있고, 주님께서 만드신 창공은 그분의 손으로 이루신 위대한 일을 드러내고 있다(시 19:1).

둘째, 유대인들에게는 "율법과 계명들을 통해" 계시하신다. 『**주께서 모세에게 말씀하시기를 "너는 산으로 내게 와서 거기에 있으라. 내가 너에게 내가 기록한 돌판들과 율법과 계명들을 주어 너로 그들을 가르치게 하리라." 하시니라**』(출 24:12).

셋째, 이방인들에게는 "양심을 통해" 하나님에 관해 알려 주신다. 『**율법이 없는 이방인들이 본성으로 율법에 있는 일들을 행할 때에는 율법이 없어도 이것들이 스스로에게 율법이 되나니 그들의 양심도 증거하고 그들의 이성이 송사하거나 서로 변명하여 그들의 마음에 기록된 율법의 행위를 보여 주느니라.)**』(롬 2:14,15).

넷째, 하나님께서는 모든 죄인에게 "예수 그리스도를 통해" 자신을 나타내신다. 『**태초부터 계셨고, 우리가 들었으며, 우리 눈으로 보았고, 주목하여 살폈으**

며, 우리 손으로 직접 만졌던 생명의 말씀에 관해서라. (그 생명이 나타나시매 우리가 보았고 증거하였으며 너희에게 그 영원한 생명을 보여 주었으니, 그 생명은 아버지와 함께 계셨으며 우리에게 나타나셨느니라.)』(요일 1:1,2). 실제로 말씀이신 예수 그리스도께서는 "**하나님의 인격의 정확한 형상**"(히 1:3)이시다.

다섯째, 하나님께서는 모든 사람에게 "**성경을 통해**" 자신을 계시하신다. 『**성경을 상고하라. 이는 너희가 성경에 영생이 있다고 생각함이니, 그 성경은 나에 관하여 증거하고 있음이라**』(요 5:29). 성경을 모르고서는 하나님에 관해 올바르게 알 수 없다. 하나님께서는 모든 죄인이 "하나님의 의"이신 예수 그리스도를 통해 구원받기를 원하시고, 구원받은 모든 성도가 진리의 지식에 이르기를 원하신다. 이것이 바로 하나님께서 기뻐하시는 일이다(딤전 2:3,4). 따라서 거듭난 그리스도인은 반드시 성경을 알아야 한다.

"아이들은 성경을 들려주면 놀라워하고 재미있어 한다. 부모들은 성경적인 원리들이 거룩하고 본받을 만한 가치가 있다는 사실에 전적으로 동의한다. 하나님을 믿는 노인들은 침침한 눈에도 불구하고 몇 시간이 걸리든 하나님의 약속들을 읽으면서 주님께서 주시는 복들과 보장된 삶에 대해 귀를 기울인다. 기록된 말씀의 책장을 넘기다 보면 눈에서는 눈물이 가만히 흘러내리고, 순례자의 어두운 길을 믿음으로 걸어온 성도들은 땅거미가 질 무렵의 '인생의 어두운 골짜기'를 아무런 두려움 없이 영광스러운 승리로 마감할 수 있다. 하나님의 말씀으로 위로받은 순교자들은 화형에 넘겨지고 참수형을 당하며 야수들에게 먹이로 던져지면서도, 하나님을 찬양하면서 '구원이 이르렀도다!'라고 외칠 수 있었다. 지난 2천 년 간의 교회사에서 사악한 죄인들은 성경 말씀을 거부하고 조롱했으며 성경을 모독하고 불태웠다. 그러나 하나님의 말씀과 그 말씀의 영향력은 지금까지 지속되고 있고 앞으로도 영원히 그러할 것이다"(알버트 가너).

하나님의 영감으로 기록된 성경

하나님께서는 그분의 피조물인 인간과 대화하실 때 "말"을 사용하신다. 아닌 게 아니라 구약에서 주님께서는 그분의 입에서 나오는 "직접적인 육성의 말"을 통해 사람들과 대화하셨다. 아담, 아브라함, 모세, 사무엘 등은 "말"을 통해 하나님과 직접 대화한 대표적인 인물들이다. 즉 하나님께서는 "그분의 직접적인 말씀"을 하심으로써 자신을 나타내셨는데, 이것은 "성경이 기록되기 이전에" 사용하신 방법이었다.

또한 하나님께서는 "기록된 말"을 통해 인간과 대화하신다. 바로 이 "기록된 하나님의 말씀"이 "성경"인데, 성경은 하나님께서 친히 직접 들려주시는 "음성"보다 더 확실하다(마 17:1-13 vs. 벧후 1:16-19). 『**지극히 큰 영광으로부터 이러한 음성이 그에게 들려오기를 "이는 내 사랑하는 아들이요 그 안에서 내가 매우 기뻐하노라." 하실 때에 그가 하나님 아버지로부터 존귀와 영광을 받으셨느니라. 이 음성은 우리가 그와 함께 거룩한 산에 있을 때 하늘에서 나온 것을 들은 것이라. 우리에게 더 확실한 예언의 말씀이 있으니, 날이 새어 샛별이 너희 마음에 떠오르기까지 너희가 어두운 곳에서 빛나는 빛에 주의하듯 이 예언의 말씀에 주의하는 것이 잘하는 것이니라**』(벧후 1:17-19). 이렇듯 "기록된 말씀," 곧 "성경"이 주어진 오늘날에는 하나님께서 "직접적인 음성"이 아닌 "기록된 말씀"을 통해 자신을 계시하시고 그분의 성도들과 교제하신다.

한편 하나님께서는 이 성경을 "초자연적인 방법"으로 기록하셨으니, 곧 "하나님의 영감"으로 기록하신 것이다. 성경의 저자는 "성령 하나님"이시다. 『**예언은 예전에 사람의 뜻에서 나온 것이 아니요 오직 하나님의 거룩한 사람들이 성령으로 감동을 받아 말한 것이니라**』(벧후 1:21). "1,600여 년간"에 걸쳐 "세 대륙"에 거하는 "다양한 부류의 사람들"이 66권으로 구성된 성경 책 하나하나를 기록했는데, 이 모든 책이 "한 권"으로 합쳐졌을 때 어떤 모순이나 오류 없이 통일된 한 권의 책으로 완성된 것이 바로 성경이다. 바로 이 "초자연적인 사건"은 성경을 기록한 각각의 거룩한 사람들을 섭리로 인도하신 분이 계셨다는 사실을 보여 주는데, 말하자면 성령 하나님께서 성경을 기록하신 것이다.

그렇다면 "영감으로 기록되었다는 말"의 뜻은 무엇인가? 성경에는 "영감"이라는 단어가 "두 번" 등장한다. 『**그러나 사람 안에는 영이 있고 전능하신 분의 영감이 사람들에게 깨달음을 주시는도다**』(욥 32:8). 『**모든 성경은 하나님의 영감으로 주어진 것으로 교리와 책망과 바로잡음과 의로 훈육하기에 유익하니**』(딤후 3:16). 참고로 변개된 개역성경과 개역개정판에는 "영감"이라는 단어가 등장하지 않는다. 그 대신에 각각 "기운"과 "숨결"(욥 32:8) 그리고 "감동"(딤후 3:16)으로 변개되어 있다.

"영감"(inspiration)이란 단어는 히브리어로 "נְשָׁמָה"(네샤마, 욥 32:8), 헬라어로 "*θεόπνευστος*"(데오프뉴스토스, 딤후 3:16)라고 하는데, 이것은 "**하나님께서 호흡을 불어넣으셨다**"는 뜻이다. 좀 더 구체적으로 이야기하면, ① "**성령의 감동을 받은 사람들**"(벧후 1:21)이 ② "**하나님께서 호흡을 불어넣으신 말씀들**"(딤후 3:16)을 ③ "**기록하게 된 전체 과정**"을 의미한다. 이상 "세 가지 요소"가 다 포함되어 있어야 "영감"의 의미를 올바르게 적용하는 것이 된다(고전 2:13, 벧후 1:21, 유 1:17 등). 이처럼 "영감"이라는 단어는 "성경 기록자"와 "기록된 말씀" 모두를 다 포함한다.

한편 성령의 감동을 받았다고 해서 그들의 말이나 글이 모두 다 성경으로 기록된 것은 아니다. 따라서 영감이라는 말을 최종적으로 적용할 때는 "**기록된 결과물**"에 적용해야 한다. 다시 말해 성령의 감동을 받은 사람들이 "**성경 기록을 위한 하나님의 계획**" 속에서 성령 하나님께서 호흡을 불어넣으신 말씀을 말했고, 이에 그것이 **기록되었다면**, 또는 설령 말하지 않았다 해도 그것이 **기록되었다면**, 기록된 그것은 "영감을 받은 성경"이 되는 것이다. 이런 연유로 성경

킹제임스성경신학교는 피터 럭크만 박사가 미국 플로리다주 펜사콜라시에 설립한 Pensacola Bible Institute (PBI)에 기반을 두고 있습니다. 미국 Pensacola Bible Institute는 1965년 9월 개강한 이래로 지금까지 미국 내 정통 신학 교육의 요람으로서, 미국 내 유수한 근본주의 침례교 신학교들을 압도하고 성경대로 믿는 그리스도인들의 산실이 되고 있습니다. 자유주의와 현대주의를 배격하는 가운데 정통 교리의 수준 높은 신학 교육은 물론이요, 능력 있는 설교자 양성을 위한 강도 높은 훈련으로도 단연 으뜸입니다. 이처럼 본 신학교도 1991년에 세워진 이래로 이 땅에 바른 성경적 지식을 정착하고 신실한 하나님의 일꾼을 양성하는 데 총력을 기울여 오고 있습니다.

기존 신학교는 하나님의 말씀보다는 교단 신학과 학문으로서의 신학에 중점을 두어 가르치고 있습니다. 또한 편협한 교단 교리에 하나님의 말씀을 억지로 끼워 맞춰 가르치고 있기 때문에 이제는 하나님의 말씀에 근거한 신학을 제대로 가르치는 곳이 절대적으로 필요합니다. 이런 절실한 필요에 의해 본 신학교는 모든 교과 과정을 교단 신학이 아닌 하나님의 말씀으로 채움으로써 하나님의 말씀에 대한 올바른 지식을 터득할 수 있도록 구성하고 있습니다. 이렇게 구성된 모든 교과 과정은 성경 각 책에 대한 깊이 있는 수업과 설교의 실전 연습, 제반 목회 생활에 관한 실제적인 수업들로 이루어져 있으며, 무엇보다도 균형 있고 올바른 성경적 지식으로 무장할 수 있는 많은 수업들이 제공되고 있습니다.

킹제임스성경신학교는 설교자와 목회자, 성경 교사, 선교사를 양성하기 위한 곳으로, 3년의 모든 과정을 착실히 이수한 모든 학생들이 각자 하나님의 부르심에 따라 언제 어디서나 전담 사역자로서 사역할 수 있도록 양육받을 수 있는 국내 유일의 온·오프라인 정통 신학교입니다.

입학요강

	신학사(B.D.)	킹제임스성경신학원 신학석사(Th.M.)
수업연한	3년 (6학기)	2년 (4학기)
자 격	• 거듭난 그리스도인으로서 하나님께 쓰임받기 원하는 사람 • 고등학교 졸업자 및 졸업 예정자 또는 동등 이상의 학력이 인정되는 자(연령 제한 없음)	• 본교를 졸업한 신학사 학위 소지자로서 진리의 지식으로 효과적인 사역을 이루려는 분
선 발	서류전형(입학원서, 구원간증, 자기 소개서), 면접(서류 전형 합격자에게 개별 통보)	
학사일정	오프라인 봄 학기 매년 3월초 가을 학기 9월초 개강(총 16주) 월,화,목,금(오후 6:30 – 9:20) 온 라 인 수시접수 가능(한 학기 총 16주 / 100% 동영상 강의)	한 학기당 16주 과정 (화요일 오후 6:30 – 9:20)
원서교부	킹제임스성경신학교 교무처 / 인터넷 접수	

킹제임스성경신학교학장
10122 경기도 김포시 고촌읍 장곡로 39
전화 (02) 2665-3303, 팩스 (02) 2665-3302

을 "기록된 것"을 의미하는 단어인 "scripture"[*γραφή*(그라페, 헬)]라고 부른다.

영감으로 기록되었다고 할 때 그 대상은 문자 그대로 "모든 성경"이다. 『**모든 성경은 하나님의 영감으로 주어진 것으로**[All scripture is given by inspiration of God] **교리와 책망과 바로잡음과 의로 훈육하기에 유익하니 이는 하나님의 사람이 온전하게 되며, 모든 선한 일에 철저히 구비되게 하려 함이니라**』(딤후 3:16,17). 여기서 "모든 성경"은 성경에 기록된 "**모든 단어 하나하나**"를 가리키는데, "성경"이라는 뜻의 헬라어 "*γραφή*"(그라페)와 영어 "scripture"는 단수이든지, 복수이든지 간에 언제든지 그 의미하는 바는 "성경 말씀 하나하나"뿐만 아니라 "성경 말씀 전체"를 뜻하는 것이다.

한편 "모든 성경"은 "**구약성경**"을 지칭한다. 이는 예수 그리스도께서 인용하신 말씀들(마 4:4,7,10; 5:18, 막 12:36, 요 10:35 등)과 사도 바울이 인용한 말씀들(바울 서신들)을 통해 입증된다. "**신약성경**"을 지칭하기도 하는데, 예수님께서는 신약성경의 기록이 영감 받을 것임을 약속하셨고(요 16:12,13; 14:26), 사도 바울 역시 디모데전서 5:18에서 "성경"이라는 말을 사용하면서 구약성경의 본문(신 25:4)과 신약성경의 본문(눅 10:7)을 함께 인용하고 있다.

마지막으로 모든 성경은 "**최초의 원본**"뿐만 아니라 "**필사본**"과 "**번역본**"을 지칭한다. 성경에서 "성경"이라는 단어를 사용할 때 단 한 번도 "원본"을 지칭한 적이 없다(막 12:10, 행 8:32; 17:11 등). 일례로 "디모데"가 어려서부터 알았던 성경은 원본이 아니라 "필사본"이었고(딤후 3:15), "에디오피아 내시"가 마차에서 그의 무릎 위에 펼쳐 놓고 읽었던 성경 역시 원본이 아니었다(행 8:32). 초림 당시 "예수 그리스도"께서 성전에서 읽으신 성경도, "베뢰아 사람들"이 매일 상고한 성경도(행 17:11) 모두 원본이 아니라 "필사본"이었다.

오늘날 "영감"이라는 단어를 잘못 해석하거나 잘못 적용하는 경우가 많은데, 대부분의 보수주의, 정통주의, 복음주의, 근본주의 등에 속한 학자들은 영감을 받은 성경은 오직 "원본"뿐이며 필사본이나 번역본은 영감을 받은 적이 없기에 원본과 같은 권위가 없다고 주장한다. 일례로 성서침례신학교의 "장두만 교수"는 "영감은 원본에만 국한된다."라고 밝히고 있으며, 현재 사람들이 사용하는 성경들 중에는 원본과 같은 권위를 지닌 성경은 없다고 주장했다(그의 저서 〈성경의 권위와 무오성〉, 요단 출판사, 1987년, pp.31,44).

한편 자유주의자들, 신정통주의, 신복음주의 등에 속한 학자들은 성경은 신앙과 관련된 문제에서만 오류 없이 기록되었고, 역사적인 사실이나 과학적인 사실에 관한 기록들과 세부적인 기록들에는 "성경 기록자들"의 한계가 드러나기 때문에 오류가 있다고 주장한다. 일례로 장로회신학대학교의 "나채운 교수"는 "성경 안에 기록된 역사적인 사실이나 과학적인 사실에는 일부 오류가 있는 것도 사실이지만(p.101)... 성경의 영감은 축자적 영감이 아니고 개념 영감이다(p.103)... 성경 안에 있는 역사적인 기술에 있어서는 다소간 오류가 있기도 하므로(p.105)"라고 쓰고 있다(〈목회와 신학〉, 1994년 9월 호에 게재된 그의 글 "성경의 영감과 사본, 역본에 대한 바른 이해" 참조).

"영감"이란 하나님께서 백지상태의 종이를 취하셔서 하나님의 말씀들을 기록하시는데 그분의 사람들을 사용하신 것이라고 말할 수 있다. 이렇듯 성경이 영감으로 기록된 과정은 일종의 "신비"이다. 그래서 "영감"은 하나님께서 그분의 거룩한 사람들인 선지자들과 사도들에게 역사하셔서 그들의 인간적인 개성과 개별성 및 삶의 양식을 살려 주시면서 하나님의 권위를 가진 말씀을 기록하게 하시는 "신비로운 과정"이며, 구약성경과 신약성경을 기록하시는 일에 있어서 하나님께서 초자연적으로 통제하시는 과정이다. 이런 이유로 영감으로 주어진 성경에는 오류가 있을 수 없다.

만일 어떤 신학교의 교수들이 "번역본들은 영감을 받은 것이 아니다." "필사자들은 오류를 범할 수 있다." "원본은 없어졌다." "번역본들 간의 차

이는 무시해도 좋다." 등의 헛된 말들로 속이려 들지라도 미혹되어서는 안 된다. 주님의 말씀을 영원토록 보존하시겠다고 약속하신(시 12:6,7, 마 24:35) 하나님만을 신뢰하고, 주님께서 친히 자신의 모든 이름보다 더 위대하게 하신 그 말씀을 그대로 신뢰해야 한다(시 138:2).

한글을 모국어로 사용하는 그리스도인들에게는 〈한글킹제임스성경〉이 최종권위로 주어졌다. 어떤 상황에서도 자신의 손안에 들려 있는 이 〈한글킹제임스성경〉을 하나님의 말씀이자 최종권위로 믿어야 한다. 누군가가 우리의 손에서 〈한글킹제임스성경〉을 빼앗으려 하고, 최종권위로 믿지 못하게 하고, 이 말씀에 대한 믿음을 무너트리려 할 때 바보처럼 당하고 있어서는 안 된다. 이 성경을 지키고 성경의 가치를 드높이고 적극적으로 방어하면서 이 성경으로 이 성경을 대적하는 자들의 코를 납작하게 해 주어야 한다. 집을 지키는 충성스러운 개처럼 그런 자들을 물어뜯든지 머리로 박든지 해서라도 이 성경을 지켜 내야 한다. 그렇게 하기 위해서라도 우리는 〈한글킹제임스성경〉이 왜 한글을 모국어로 사용하는 그리스도인들에게 최종권위가 되는지 설명할 수 있는 지식과 실력을 갖추어야 한다. 우리가 성경을 부지런히 공부하고 진리의 서적들을 부지런히 읽어야 하는 이유가 바로 여기에 있다.

■ 새롭게 깨달았거나 적용할 내용이 있다면 적어 보세요. ■

제1과
복습문제

1. 『모든 성경은 하나님의 (　　　　　　)으로 주어진 것으로 교리와 책망과 바로잡음과 의로 훈육하기에 유익하니 이는 하나님의 사람이 온전하게 되며, 모든 선한 일에 철저히 구비되게 하려 함이니라』(딤후 3:16,17).

2. 『예언은 예전에 사람의 뜻에서 나온 것이 아니요 오직 하나님의 거룩한 사람들이 성령으로 (　　　　　　)을 받아 말한 것이니라』(벧후 1:21).

3. "영감"이란 단어는 "하나님께서 (　　　　　　)을 불어넣으셨다"는 뜻이다.

4. 영감을 받은 성경은 오직 "원본"뿐이며 "필사본"이나 "번역본"은 영감을 받은 적이 없기에 원본과 같은 권위가 없다. (O , X)

5. "기록된 말씀," 곧 "성경"이 주어진 오늘날에는 하나님께서 "직접적인 음성"이 아닌 "기록된 말씀"을 통해 자신을 계시하시고 그분의 성도들과 교제하신다. (O , X)

■ 복습 문제의 정답은 홈페이지(www.solomonbtc.org)에서 확인할 수 있습니다.

제2과
하나님의 섭리 속에 한 권으로 모아진 성경

『내가 주의 거룩한 전을 향하여 경배하고 주의 자애하심과 주의 진리를 인하여 주의 이름을 찬양하리니 이는 주께서 주의 말씀을 주의 모든 이름 위에 크게 하셨음이니이다』(시 138:2).

성경에 대한 답은 이미 정해져 있다

성경은 하나님께서 영감으로 무오하게 기록하신 유일한 책이다. 성경 이외에 성경과 "비슷한" 어떠한 책도 영감으로 기록되지 않았다. 그것은 인간의 생각에서 나온 책들(books) 중 하나에 불과하다. 그리스도인은 하나님께서 주신 "책들 중의 책"(THE BOOK of books)만을 최고의 권위를 지닌 절대 무오한 "하나님의 말씀," 즉 "성경"으로 믿는다. 그리스도인은 "성경"만을 "하나님의 말씀"으로 믿는 사람이다.

일반적으로 절대적 기준으로서의 성경을 다른 유사한 책들과 구분한다는 의미로 "정경"이라는 용어를 사용한다. 그러나 "정경"을 의미하는 "성경"이라는 올바른 용어가 있기에, "성경"의 범주 속에 정경, 외경, 위경, 반대경 등을 같은 수준으로 취급하는 것은 바람직하지 못하다. 그러므로 "성경"은 "정경"만을 가리키는 것을 의미하는 용어로 알고 정확히 사용해야 할 것이다.

"정경"이라는 말의 의미

일반적으로 사용하는 "정경"(Canon)이라는 말은 헬라어 "카논"(κανών)[1]에서 유래한 말이고, 헬라어 "카논"(κανών)은 히브리어 "카네"(קָנֶה)에서 유래했다.

1) "카논"은 "a rod, ruler"의 뜻이며, 일반적으로 "막대기"라는 뜻으로 사용되었고, 특히 건축가들이 물건의 길이를 측정할 때 사용하는 도구였다.

구약의 히브리어 "카네"는 영어 〈킹제임스성경〉에서 "reed"라는 말로 23회 등장한다. 〈한글킹제임스성경〉에서 "카네"(קָנֶה), 즉 "reed"는 일반적인 "갈대"의 뜻으로 8회 사용되며, 측량"대," 즉 "측량하는 도구로서의 갈대(자)" 및 길이의 단위인 "리드"(reed)로 15회 등장한다. 신약의 경우에도 "카논"(κανών), 즉 "reed"라는 말은 11회 나오는데, 그중 8회는 일반적인 갈대를 뜻하며, 3회는 "측량하는 도구로서의 갈대(자)"를 뜻한다.

이처럼 "카논"이라는 단어는 구약과 신약 모두에서 "척도"나 "자"의 의미로 사용되었다. 그런데 사람들이 여기에 "표준, 기준"(standard), "규범"(norm) 등의 의미를 부여하여 사용함으로써 "정경"이라는 말이 통용되었다.

"정경"에 대한 잘못된 주장들

1. 연대가 오래된 기록들은 "정경"에 포함시켜야 한다?

이는 그 책의 연대가 얼마나 오래되었는가에 따라서 성경으로 결정해야 한다는 주장이다.[2] 그러나 "오래되었다는 것"이 정경에 포함시키는 판단의 기준이 될 수는 없다. 연대가 오래된 책들 가운데 『**주의 전쟁들의 책**』(민 21:14)이나, 『**야셀의 책**』(수 10:13) 등은 성경에서 언급되지만 그 책들은 "성경"이 아니다.

2. 히브리어로 기록된 것들은 "정경"에 포함시켜야 한다?

이는 유대인의 히브리어로 기록된 것은 거룩한 성경과 같은 지위를 얻었을

2) William H. Green, 〈*General Introduction to the Old Testament : The Canon*〉

것이라는 생각에서 나온 견해이다. 그러나 이 주장 역시 몇 가지 이유로 수용될 수 없다. 첫째, 히브리어로 기록된 유대인들의 모든 책들은 성경이 아니다. 유독 히브리어로 기록되어야 성경에 포함된다는 주장은, 연대가 오래된 것이 성경에 포함되어야 한다는 주장처럼 타당하지 않다. 둘째, 히브리어가 아닌 시리아어(아람어)로도 하나님께서 성경을 기록하셨기 때문에 이러한 주장은 타당하지 않다.

3. 모세의 율법(토라)과 일치하는 기록들은 "정경"에 포함시켜야 한다?

유대인들에게 모세의 율법은 권위 있는 기준이었기 때문에 율법과 일치하는 히브리어 기록들은 "성경"에 포함되었을 것이라는 견해에서 비롯된 생각이다. 그러나 하나님께서는 경우에 따라 율법과 일치하지 않지만 모순되거나 오류를 지니지 않은 말씀들을 그분의 경영 방침에 따라 성경으로 기록하셨다. 서로 다른 경륜이 있는 상황에서 어떤 하나의 성경이나 모세의 율법을 특정한 기준으로 삼을 수 없다.

4. 종교적 가치가 있는 기록들은 "정경"에 포함시켜야 한다?

교훈을 담은 "종교적 가치"가 있는 기록들이라고 해서 성경에 포함되어야 한다면 성경이 기록될 시기에 기록된 인간의 생각으로 쓰여진 많은 기록들 또한 모두 성경이 되어야 한다. 그러므로 이 주장 역시 수용될 수 없다.

『모든 성경은 하나님의 영감으로 주어진 것으로 교리와 책망과 바로잡음과 의로 훈육하기에 유익하니』(딤후 3:16).

하나님의 말씀은 하나님께서 정하신다

하나님께서는 영감으로 성경을 주셨기에(딤후 3:16), 하나님의 영감으로 기록된 그 책들만이 "성경"이다. 성경이 "성경"인 것은 하나님께서 절대 무오한 영감으로 기록하셨고 또 그 책에 권위를 부여하셨기 때문이다. 어떤 것이 성경인가 하는 것은 하나님께서 성경을 기록하시는 순간 하나님께서 결정하시는 것이다.

어떤 학자들은 소위 "잃어버린 책들"을 언급하기도 한다. 현재 우리가 가지고 있지 않은 그러한 책들이 성경이겠는가? 성경은 하나님께서 그분의 말씀을 주신 목적에 부합되는 책이다. 디모데후서 3:16,17에 부합하는 모든 것은 하나님의 계획 아래에서 기록되어 영감 받은 말씀으로 분류되고 전수되었지만, 그렇지 않은 책들은 성경으로 분류되지 않았고 사라졌을 뿐이다.

이 시점에서 주지해야 할 두 가지 중요한 사실이 있다. 첫째, 성경을 더 많이 공부하면 할수록 더욱 분명한 것은 현재 가지고 있는 성경이 성경을 주신 하나님의 목적에 온전하게 부합하고, 절대적으로 완전하며, 전혀 부족함이 없음을 확신할 수 있다. 둘째, 성경의 처음 시작에서(신 4:2), 중간에서(잠 30:6), 그리고 마지막에서(계 22:18,19) 영감 받은 성경에 첨가하는 것과 삭제하는 것에 대해 경고하신 하나님께서 친히 성경에 첨가하거나 삭제하지 않으신다는 사실이다. 이는 하나님께서 거짓말하실 수 없는 분이시기 때문이고(롬 3:4), 또한 성경을 보존하실 수 있는 전능하신 분이기 때문이다(시 12:6,7; 138:2). 그러므로 사람들이 수용하거나 인정하면 성경이고, 수용하거나 인정하지 않으면 성경이 아니라는 생각은 잘못된 것이다.

성경의 범주

어떤 책들이 구약과 신약의 성경들인가에 대해서는 성경 자체의 증거에 주의를 기울여야 한다. 예수 그리스도께서는 누가복음 24:27,44에서 구약의 성경들을 밝히셨다.

『❶ 모세와 ❷ 모든 선지자들로부터 시작하여 자신에 관하여 ❸ 모든 성경에 있는 것들을 그들에게 설명하시더라』(눅 24:27). 『또 그들에게 말씀하시기를 "이런 것이 내가 너희와 함께 있을 때 말했던 바 ❶ 모세의 율법과 ❷ 선지서들과 ❸ 시편에 나에 관하여 기록된 모든 것이 이루어져야 한다던 그 말이니라."』(눅 24:44).

이 말씀들에서 세 가지로 표현한 것이 구약성경 전체를 나타내는 말이다.[3] 또한 마태복음 23:35에서도 구약성경의 범위를 말씀하셨다.

『그리하여 땅에 쏟아진 의로운 모든 피가 너희 위로 돌아오리니, 의인 아벨의 피로부터 너희들이 성전과 제단 사이에서 죽인 바라키아의 아들 사카랴의 피까지니라』(마 23:35).

아벨에 대해서는 창세기에서, 사카랴에 대해서는 역대기하에서 기록하고 있

3) "모세의 율법"에 대한 성경의 증거(수 1:7,8; 8:31; 23:6, 왕상 2:3, 왕하 14:6; 21:8, 대하 14:4; 17:9, 렘 8:8, 단 9:11,13, 스 6:18, 느 13:1, 말 4:4). "선지서들"에 대한 성경의 증거(마 5:17; 7:12, 눅 24:44). "시편과 기록들"에 대한 성경의 증거(눅 24:44). "율법과 선지서"라는 표현(마 5:17; 7:12; 11:13; 22:40, 눅 16:16; 24:44, 요 1:45, 행 13:15; 24:14; 28:23, 롬 3:21). "모세와 선지자"라는 표현(눅 16:29,31; 24:27, 행 26:22,27). "선지자(들)의 기록"이라는 표현(마 2:5; 26:56, 막 1:2, 요 6:45, 행 7:42; 15:15).

는데, 히브리어 구약성경은 창세기에서 시작하여 역대기하에서 끝나기 때문에 이 말씀은 구약성경의 범위를 명백히 밝히고 있는 것이다.[4] 이러한 말씀들은 히브리어 성경의 24권(현재의 39권)만을 성경으로 지칭하는 것이지, 외경을 포함하는 것이 아니다. 그러나 외경을 구약성경으로 기록하고 있는 변개된 〈칠십인역〉은 창세기에서 시작해서 외경인 "벨과 용"으로 끝난다. 예수님께서는 에덴에 대해서(마 19:5), 고래 뱃속의 요나에 대해서(마 12:40), 다니엘에 대해서(마 24:15), 노아와 홍수에 대해서(눅 17:27), 소돔의 멸망에 대해서(눅 17:29) 증거하심으로써 구약성경에 포함되는 것을 확증하셨다. 또한 요한복음 16:13에서 진리의 영이신 성령님께서 모든 진리로 인도하실 것을 말씀하심으로써 신약성경도 정확하게 분별할 수 있음을 보증해 주셨다.

〈킹제임스성경〉을 따른 성경 배열 순서

이사야서를 통해 "섭리적으로 정해진 성경의 배열 순서"를 알 수 있다. 우선 이사야서는 성경 66권과 연관해서 크게 두 부분으로 구분된다. 성경을 믿지 못하는 학자들은 이사야서를 두 명의 다른 사람들이 기록했다는 이론(Deutero-Isaiah)을 사실처럼 가르치는데, 사실은 한 사람의 선지자 이사야 혼자서 기록한 것이다. 그러나 마치 두 명이 기록한 것 같은 착각을 하게 되는데, 그도 그럴 것이 1-39장의 한 부분과 40-66장의 다른 한 부분으로 구분되기 때문이다. 이는 구약 39권(1-39장)과 신약 27권(40-66장)의 구분과 일치한다. 이것은 우연이 아니다. 성경의 숫

4) 히브리어 구약성경은 현재의 배열 순서와는 다르게 "말라키"가 구약의 마지막 책이 아니라 "역대기"(역대기상·하가 한 권으로 되어 있음)가 구약의 마지막 책이다.

> 자나 이름 하나하나는 결코 의미없이 사용되지 않았기 때문이다. 이사야 66장의 각 장과 절도 구분하게 하셨다.

성경의 이름과 배열순서가 〈칠십인역〉을 따랐다는 근거 없는 이야기들이 무지한 사람들 사이에서 회자하는 것을 볼 수 있다. 그러나 〈칠십인역〉과 〈킹제임스성경〉을 비교해 보면 그 실상은 쉽게 판명된다.

① 성경의 9-12번째 책인 사무엘상 · 하, 열왕기상 · 하의 이름이 〈칠십인역〉에는 "통치 *Α' Β' Γ'Δ'* "(*Βασιλειων Α' Β' Γ'Δ'*)로 되어 있다.

② 성경의 13,14번째 책인 역대기상 · 하의 이름도 〈칠십인역〉에는 "빠진 부분 *Α' Β'* "로 되어 있다.

③ 〈칠십인역〉에는 역대기하 다음에 에스라가 나오는 것이 아니라 "에스드라 상"이라는 외경이 나온다.

④ 〈칠십인역〉에는 "에스드라 하"라는 이름으로 에스라와 느헤미야가 합쳐져 있다.

⑤ 〈칠십인역〉에는 에스더 다음에 "유딧," "토빗," "마카비 *Α' Β' Γ'Δ'* " 등 여섯 권의 외경이 나온다.

⑥ 〈칠십인역〉에는 시편 다음에 "송시"라는 외경이 나온다.

⑦ 〈칠십인역〉에는 욥기가 시편 앞에 나오는 것이 아니라 잠언, 전도서, 솔로몬의 노래 다음에 나온다.

⑧ 〈칠십인역〉에는 욥기 다음에 "지혜서," "집회서," "솔로몬의 시편" 등 세 권의 외경이 나온다.

⑨ 〈칠십인역〉에는 구약의 마지막 성경인 말라기 다음에 이사야와 예레미야가 나온다.

⑩ 〈칠십인역〉에는 예레미야 다음에 "바룩"이라는 외경이 나온다. 그래서 예

레미야 다음에 예레미야 애가가 나오는 것이 아니라, "바룩"이 나오고 그다음에 예레미야 애가가 나온다.

⑪ 〈칠십인역〉에는 예레미야 애가 다음에 "예레미야의 편지"라는 외경이 나온다.

⑫ 〈칠십인역〉에는 에스겔과 다니엘 사이에 "수산나"라는 외경이 나온다.

⑬ 〈칠십인역〉에는 다니엘 다음에 구약의 제일 마지막 책으로 "벨과 용"이라는 외경이 나온다. 결국 다니엘은 구약의 제일 마지막에서 두 번째 책으로 배열되어 있는 것이다.

〈칠십인역〉에는 이와 같이 총 15권의 외경이 구약성경의 중간중간에 자리 잡고 있다. 이와 같은 많은 차이점들이 있음에도 과연 어떤 학자가 〈킹제임스성경〉의 성경 이름과 배열 순서가 〈칠십인역〉에서 유래했다고 주장할 수 있겠는가? 어떤 학자들은 제롬의 〈라틴 벌게이트〉에서 유래했다고 주장한다. 그러나 제롬의 〈라틴 벌게이트〉 이전에 이미 〈구라틴역본, A.D. 120-200〉이 있었는데, 현재의 구약(Old Testament)과 신약(New Testament)이라는 말은 〈구라틴역본〉에서 최초로 사용되었다. 성경의 이름과 배열 순서는 성경이 완성된 지 50년이 되기 전에 번역된 이 〈구라틴역본〉에서 일차적으로 유래되었다.

그러나 보다 가까운 시대의 확고한 증거는 〈킹제임스성경, 1611〉에서 찾을 수 있다. 〈킹제임스성경〉의 권위 때문에 현재의 변개된 성서들도 그들의 변개된 원문인 〈칠십인역〉에 제시되어 있는 성경 이름과 순서를 따르지 않고 〈킹제임스성경〉의 성경 이름과 배열 순서를 따르고 있다. 하나님께서는 그 본문의 온전한 번역은 물론 성경 이름과 배열 순서 및 장과 절의 구분에 이르기까지 온전한 전수를 이루셨다는 것을 알 수 있다. 장의 구분은 13세기에 휴고(Hugo, d.1248)와 스테판 랭톤(Stephen Langton, d.1227)에 의해서, 절의 구분은 1551년 로버트 스테파누스(Robert Stephanus)에 의해 이루어졌다. 그러나 현재의 성경 이름과 배열 순서에서 보듯이 1611년 이후에는 〈킹제임스성경〉이 기준이 되었다.

현재의 구약성경(총 39권)	
모세오경(5권)	창세기, 출애굽기, 레위기, 민수기, 신명기
역사서(12권)	여호수아, 재판관기, 룻기, 사무엘상, 사무엘하, 열왕기상, 열왕기하, 역대기상, 역대기하, 에스라, 느헤미야, 에스더
시가서(5권)	욥기, 시편, 잠언, 전도서, 솔로몬의 노래
대선지서(5권)	이사야, 예레미야, 예레미야 애가, 에스겔, 다니엘
소선지서(12권)	호세아, 요엘, 아모스, 오바댜, 요나, 미카, 나훔, 하박국, 스파냐, 학개, 스카랴, 말라키

유대식의 구약성경(24권)	
율법(5권)	창세기, 출애굽기, 레위기, 민수기, 신명기
선지서들(8권)	여호수아, 재판관기, 사무엘(상 · 하 한 권으로), 열왕기(상 · 하 한 권으로), 이사야, 예레미야, 에스겔, 소선지서(호세아, 요엘, 아모스, 오바댜, 요나, 미카, 나훔, 하박국, 스파냐, 학개, 스카랴, 말라키 등 12권을 한 권으로)
시편이나 다른 기록들(11권)	시편, 잠언, 욥기, 솔로몬의 노래, 룻기, 예레미야 애가, 에스더, 전도서, 다니엘, 에스라-느헤미야(한 권으로), 역대기(상 · 하 한 권으로)

신약성경(27권)	
복음서(4권)	마태복음, 마가복음, 누가복음, 요한복음
역사서(1권)	사도행전
바울 서신(13권)	로마서, 고린도전서, 고린도후서, 갈라디아서, 에베소서, 빌립보서, 골로새서, 데살로니가전서, 데살로니가후서, 디모데전서, 디모데후서, 디도서, 빌레몬서
일반서신(9권)	히브리서, 야고보서, 베드로전서, 베드로후서, 요한일서, 요한이서, 요한삼서, 유다서, 요한계시록

성경이 한 권으로 모이다

역사적으로 소위 "정경"을 결정하기 위해 모인 종교회의가 있었다. 처음 이 문제를 공개적으로 논의한 때는 라오디케아 회의(A.D. 363)였으며, 이때 요한계시록을 제외한 신약성경이 "정경"으로 인정되었다. 이후에 제3차 카르타고 회의(A.D. 397)에서는 모든 신약이 "정경"으로 인정되었고, A.D. 419년의 카르타고 회의에서 397년의 결정을 다시 확인하는 일이 있었다. 그러나 이러한 회의의 결정은 이미 성경대로 믿는 그리스도인들에게 받아들여지고 통용되는 것을 형식적으로 선포한 "애들 장난"에 불과하다. 성령님께서 이미 "성경"을 정하신 후였으며, 그들은 그것을 추인했을 뿐이다.

제3차 카르타고 회의(A.D. 397)에서 "성경"으로 선정한 기준은 다음과 같다.

- 그 책의 기록자가 사도였는가?
- 기록자가 사도였다는 사실이 그 기록된 책들 속에 분명히 나타나 있는가?
- 믿는 자 안에 내주하시는 성령께서 그 책들을 증거하시는가?
- 기록된 것들 가운데 다른 성경들에서 발견되는 사실과 모순이 있는가?
- 이제까지의 계시와 노선을 같이하는가?
- 그리스도의 몸인 교회는 이런 책들에 관해 지금까지 어떻게 대해 왔는가?

이와 같은 여러 기준들은 타당하게 설정된 것이다. 그러나 무엇보다도 "하나님의 영감이 있는가, 없는가"에 따라서 성경인 것과 아닌 것이 구분된다. "영감"이 판단의 기준이 되는 것이다. 그래서 이것을 확인할 때에는 위에 제시된 기준들을 가지고 다음의 두 가지를 분별해야 한다.

첫째, 어떤 기록이 성경인가를 판단할 때는 그것이 하나님의 거룩한 사람들을 통해 기록되었는가를 확인한다. 즉 선지자나 사도들에 의해서 기록되었는지, 또는 하나님의 위임을 받은 사람인지를 확인해야 한다(벧후 1:20,21, 갈 1:1, 살후 2:2, 고후 11:13, 요일 2:18,19; 4:1-3).

둘째, 성경대로 믿는 그리스도인들이 그 기록들을 하나님의 말씀으로 받아들였는가를 확인한다. 이것이 가능할 뿐만 아니라 신뢰할 수 있는 이유는 그들 안에 내주하시는 성령님께서 친히 진리로 인도하시기 때문이다.

성경대로 믿는 그리스도인들은 어떤 기록들이 성경을 주신 목적과 부합하는지에 대해서(딤후 3:16,17), 그 말씀들의 능력에 대해서(히 4:12, 벧전 1:23; 2:2, 요 8:22) 올바로 분별할 수 있었기 때문에 어떤 것이 하나님께서 기록하신 성경인가를 발견할 수 있었던 것이다. 오늘날도 마찬가지로 성령의 인도를 받는 그리스도인들은 하나님께서 보존하신 성경과 사탄에 의해 변개된 성서들을 분별할 수 있다.

『그러나 진리의 영이신 그분이 오시면 너희를 모든 진리로 인도하시리라. 그분은 자신에 관하여 말씀하지 아니하시며, 무엇이나 들은 것을 말씀하실 것이요, 또 너희에게 다가올 일들을 알려 주시리라』(요 16:13).

A.D. 397년 이전의 신약성경

신약성경 27권은 그 자체가 갖고 있는 가치와 그 저자이신 성령님의 증거로(요 15:20) 살아계신 하나님의 영감받은 말씀이라는 것이 입증되었고, 그 외의 책들은 절대로 성경으로 인정되지 않는다(계 22:19). 사도행전의 앞부분에 해당되는 시기에 있던 지역 교회는 "신약성경"이라고 불리는 책을 갖지 못했고 다만 창세기부터 말라기까지의 구약성경만을 가지고 있었다.[5)]

그러나 신약성경이 기록된 후에 A.D. 96년을 전후해서 초기 그리스도인들의 지역 교회는 신약성경을 가지고 있었다. "교부"들은 그들의 글에서 약 35,000회 이상 신약성경을 인용하고 있으므로(복음서에서만 19,368회) 교회사가 시작된 초기 3세기 동안 그 어느 곳에서든지 성경이 존재했다는 사실은 분명하다.

폴리캅(Polycarp, A.D. 69-155)은 마태복음, 누가복음, 요한복음, 사도행전, 그리고 바울 서신 10개를 인용했고, 익명의 "제2 클레멘트"라는 위조품조차도 마태복음, 마가복음, 누가복음, 요한복음을 인용했으며 사도행전, 요한계시록 및 6개의 바울 서신에 상당히 익숙해 있음을 확인할 수 있다.

이레내우스(Irenaeus, A.D. 125-192)는 4개의 복음서와 사도행전, 13개의 바울 서신을, 알렉산드리아의 클레멘트(Clement of Alexandria, A.D. 150-217)는 4개의 복음서, 사도행전, 바울 서신들, 베드로전서, 요한일서, 히브리서, 유다서, 야고보서, 요한계시록을 인용했다. 이러한 인용문에 터툴리안(Tertullian, A.D. 150-200)을 포함시키면, A.D. 200년 전에 신약성경 27권이 전부 사용되고 있었음을 알 수 있다. 또한 A.D. 150-180년 사이에 〈구라틴역본〉(Old Latin)과 〈구시리아역본〉(Old Syriac)이 인용되고 있음을 볼 때, 그 당시 신약성경이 지역 교회에 존재하고 있었음은 더욱 분명하다. 아타나시우스(Athanasius, A.D. 296-372)가 27권의 책을 자신의 목회 서신에 열거한 일과 카르타고 회의(A.D. 397)가 정경을 "결정"한 것은 하나님께서 이미 결정하신 27권의 영감받은 책들을 추인하는 절차에 불과했다. 주목해야 할 점은, 성경을 믿는 모든 그리스도인들에게 전체 성경이 이미 사용되고 있었다는 것이다. 그러나 학자들은 이러한 사

5) 초기에 사용했을 것으로 추정하는 신화적인 〈칠십인역〉은 A.D. 150년 전에 존재했었다는 증거가 그 어느 필사본에서도 발견되지 않는다. 자세한 내용은 피터 럭크만의 〈신약교회사〉 제2장 참조.

실을 무시하고 오히려 성경을 기록된 대로 믿기를 거부했던 몇몇 교부들의 견해를 비중 있게 설명한다. 결국 학자들의 잘못된 책으로 배우는 학생들과 그 책들의 독자들은 불신의 독소를 계속해서 공급받게 되는 것이다.

정경의 권위를 희석시키는 자들

영감받은 성경으로서 그리스도의 몸이 받아들인 신약성경 27권은 정확한 경륜적 순서로 이루어져 있다. 즉 구약에서 신약으로 넘어가는 과도기로서 마태복음(유대인들의 왕을 다룸), 이스라엘에서 교회로 넘어가는 과도기를 다룬 사도행전(유대인 사도들), 교회에서 환란으로 넘어가는 과도기를 다룬 히브리서(유대인-그리스도인을 다룸)와 모든 일의 종국을 다룬 요한계시록의 순서로 되어 있다. 그런데 이 순서는 웨스트코트와 홀트가 만든 신약성경에서는 변개되어 있다. 그것은 성경의 예언에 관해 성경 독자들을 오도하기 위한 목적이었다. 홀트가 만든 완전히 변개된 신약성경(1884년)에는 "히브리 크리스천 서신들"(일반 서신들, 야고보서, 히브리서 - 이때 유다서를 히브리서 앞에 놓았음)이 사도행전과 바울 서신 사이에 놓여 있다. 이렇게 되면 교회 시대가 대환란을 이어서 펼쳐지는 셈이다.

1. "정경"(호모레고메나, Homolegomena)

성경에 관해 논의할 때 "호모레고메나"(Homolegomena)라는 용어를 접하게 된다. 이것은 "하나의 말," "일치"를 뜻하는데, 이 말은 "모든" 사람에게 받아들여진 책들을 지칭하는 말로 사용되고 있으며, 신약성경 27권이 하나님의 영감을 받은 것으로 인정된 "정경"이라는 뜻으로 사용하는 용어이다. 성경을 믿는 유대인들과 그리스도인들은 현재의 39권을 모두 하나님의 말씀으로 믿었으나, 후대의 일부 랍비들이 몇몇 책들을 논박했다는 이유로 학자들은 39권의 구약성경 가운데 솔로몬의 노래, 전도서, 에스더, 에스겔, 잠언 등 다섯 권을 제외한 34권이 "정경"이었다고 가르친다. 또한 신약성경 27권이 이미 성경대로 믿는 그리스도인들에게 하나님의 말씀으로 정착되어 있었음에도 불구하고 성경을 거부한 일부 교부들이 몇몇 책들을 논박했다는 이유로 신약 27권 가운데 히브리서, 야고보서, 베드로후서, 요한이서, 요한삼서, 유다서 요한계시록 등의 7권을 제외한 20권만이 "모든" 사람이 이의 없이 수용했던 것이라고 가르침으로써 초기 그리스도인들이 성경에 대한 올바른 믿음을 가지고 있지 못했던 것처럼 오도하고 있다. 그러므로 학자들이 말하는 "호모레고메나"는 그 용어가 의미하는 바(모든 사람이 받아들였다)와 다르게 사용되고 있다.

2. "반대경"(안티레고메나, Antilegomena)

"안티레고메나"(Antilegomena)는 "반대하여 말한"이라는 뜻으로, 일반적으로 "반대경"이라고 부르는데, "이 책들은 누군가에 의해 논쟁이 되었고 한참 후에까지 정경으로 인정받을 수 없었다"는 근거하에 반교회 교회사가들이 그렇게 불렀다. 다시 말해, 반대경이라 불리는 책들은 "정경성이 의심스러운 책들"이라는 뜻인데, 그 이유라는 것이 단지 네다섯 명의 교부들이 이 책들을 인용하지 않았다는 점에 기인한다. 쉽게 말해, 구약 39권과 신약 27권 중에서 "호모레고메나"에 속하지 않은 책들이 "안티레고메나"로 불린다.

이 책들 중 요한계시록은 "짐승의 표"를 다루고 있고, 요한이서와 요한삼서는 "거짓 선지자"를 다루고 있으며, 또 베드로후서와 유다서는 "육신적인 교회 지도자들"을 다루고 있음을 주목할 필요가 있다. 더 나아가 야고보서와 히브리서는 바울 서신들(롬 4,5장, 엡 2장 등)과 모순되는 것처럼 보인다. 반대경 7권은 믿고 이해하기에 매우 어려운 책들이며, 성경을 거부하는 사람들을 지적하는 책들이다. 그러므로 반대경은 배교자들이 싫어한다는 이유로 논쟁의 대상이 되었다는 점을 기억해야 한다.

3. "위경"(수도피그라파, Pseudopigrapha)

"거짓 기록들," "사이비" 등의 뜻으로, 모든 사람들이 받아들이지 않은 책들을 지칭하는 말로 사용되었다. 이 책들은 그 내용이 위조된 것이 분명하며, 그 출처가 불분명한 책들로서 B.C. 200 - A.D. 400년 사이에 생겨난 종교적 환상이나 마술을 표현한 것들이다.

위경의 숫자는 확실히 알려지지 않았는데 구약의 경우 일반적으로 18권으로 제시된다. 「희년서, 아리스테아스의 편지, 아담과 이브의 책, 이사야의 순교」 등과 같은 전설적인 책들과 「마카비 3서, 마카비 4서, 피르케 아봇, 아히카르의 이야기」 등과 같은 교훈적인 책들과 솔로몬의 시편, 시편 151편 등과 같은 「시가서」, 「사독의 전쟁 단편」과 같은 역사적인 책들이 있다. 신약의 경우 이 위경은 〈성경의 잃어버린 책들〉이란 제목으로 출판되었는데, 「도마복음, 안드레행전, 타대우스행전, 열두 사도의 가르침, 디다케, 바울묵시록, 클레멘트 서신, 허마의 목자, 마리아 탄생복음, 니코데모복음, 폴리캅이 빌립보인들에게 보낸 서신」 등이 신약 위경에 속하며, 복음서로 이름 붙여진 21권, 사도들의 행전으로 분류된 8권, 서신서들이 4권, 묵시록에 속한 것이 4권으로 총 37권이다.

놀라운 것은, 이렇게 위조된 책들이 티센도르프가 〈킹제임스성경〉의 신약을 약 5,000군데나 수정하기 위해 사용한 시내 사본에 두 권이나 성경으로 포함되어 있다는 사실이다. 그뿐 아니라 바티칸 사본은 구약 외경을 구약성경의 "정경"으로서 기록하고 있으며, 시내 사본은 신약 외경을 담고 있다. 그러나 홀트,

알란드, 메츠거, 네슬, 사우터 혹은 그 밖의 그 어떤 편집자들도 이 두 헬라어 사본을 가지고 〈킹제임스성경〉을 수정해 놓고서도 이들 사본 "전체"를 감히 출판하지 못했다.

4. "외경"(아포크리파, Apocrypha)

"숨겨진," "비밀" 등의 뜻으로, 이 말은 일부 사람들이 받아들인 책들을 지칭하며, 일반적으로 "외경"이라고 부른다. 초기 교부들 가운데 이레내우스(Irenaeus)와 제롬(Jerome)은 "아포크리파"라는 말을 위경을 포함한 비정경서들을 일컬을 때 사용했다. 종교개혁 시기 이후에는 일반적으로 구약 외경을 지칭하는 말로 사용되었기 때문에 보통 외경이라고 하면 구약의 외경을 생각하지만, 신약에도 외경이 있다.

신약에는 구약성경의 구절들에 대해서 263회의 직접적인 인용이 있으며, 370회의 간접적인 인용이 있다. 그러나 예수님이나 사도들은 단 한 번도 외경을 인용하지 않으셨으며, 예수님께서 직접 밝히신 구약의 기준에서도 제외된다(마 23:35). 구약 외경은 「솔로몬의 지혜, 집회서(서락)」 등과 같은 교훈서와 「토빗, 유디스」 등과 같은 종교 소설과 「에스드라 1서, 마카비 1서, 마카비 2서」 등과 같은 역사서, 「바룩, 예레미야의 서신, 에스드라 2서」와 같은 예언서, 「에스더 첨가, 아사랴의 기도(또는 세 청년의 노래), 수산나, 벨과 용, 므낫세의 기도」와 같은 전설 등 15권이 있다.

초기 역사가인 요세푸스의 기록에 따르면, 그는 그의 당대에 외경들이 있었음에도 불구하고 그것들을 배제한 채 성경을 언급하고 있다. 외경이 성경으로 첨가된 것은 오리겐의 변개된 성경인 〈칠십인역〉에서이며, 이것을 필사한 4세기의 바티칸 사본과 시내 사본에서였다. 그러나 교황의 통제와 지휘하에서 열린 트렌트 공회(1546년)는 카톨릭 교회의 "전통"(기록되지 않은 말씀)과 "외경"을 소위 "정경"과 같이 권위 있는 것으로 공표했다. 그래서 로마카톨릭의 성경에는 외경이 성경으로서 기록되어 있는 것이다. 로마카톨릭은 성경의 권위를 저버리고 자신들의 권위를 성경보다 우위에 둔 것이다. 또한 이들 사본들이 최고의 것이라고 주장하며, 이 사본들의 전통을 따르는 여러 변개된 성서들과 개역한글판, 개역개정판은 카톨릭 성경임을 기억해야 한다. 우리나라의 대다수 개신교도들은 지금까지도 카톨릭 성경을 사용하고 있는 것이다.

A.D. 100-325년 사이에 그리스도인들이 갖고 있었던 성경은 "원본들"이 아니었다. 왜냐면 성경의 각 책의 원본이란 각각의 분리된 장소에 있었기 때문이다. 성도들이 가지고 있었던 것은 그리스도께서 지상에 계셨을 때 사용되었던 히브리어 성경과 당시의 헬라어 철자와 문법으로 기록되고 필사된 사본들이지, 성경 변개자들이 사용한 헬라어로 된 변개된 필사본들이나 〈칠십인역〉이 아니었다.

이 성경은 로마가 아닌 소아시아에서 시리아 계열의 본문으로 번역되었고, 팔레스타인의 펠라에서(A.D. 80), 안티옥에서(A.D. 100), 시리아에서(A.D. 150), 이탈리아의 교회에서(A.D. 180), 남부 프랑스의 교회에서(A.D. 200), 영국의 켈트 교회에서(A.D. 300), 발칸반도와 독일에서(A.D. 400) 보존되었다. 이 사실은 A.D. 400년부터 현재까지 유아 세례를 거부했던 성경대로 믿는 사람들의 역사를 통해 확증된 것이다. 이 성경은 알비겐스, 보도파, 페트로부르시안, 불가리안, 폴리시안, 파테린, 보고마일, 위그노 등이 사용한 "표준원문"(Received Text, Textus Receptus)이었다.

따라서 오늘날의 성경대로 믿는 사람은 하나님께서 기록하신 그 성경과 같은 권위를 지닌 사람이다. 그가 자신의 모국어로 보존된 성경을 가지고 있다면, 그 성경은 올바른 성경 이름과 배열순서는 물론 장과 절 역시 하나님의 섭리에 따라 구분된 것이다. 한국어를 모국어로 사용하는 사람들에게는 영어 〈킹제임스성경〉을 전수한 〈한글킹제임스성경〉을 하나님의 말씀으로 믿는 사람들이 바로 보존된 그 성경을 가지고 있는 것이다.

제3과

하나님의 섭리 가운데 보존된 성경

『**주**의 말씀들은 순수한 말씀들이라. 흙 도가니에서 단련되어 일곱 번 정화된 은 같도다. 오 **주**여, 주께서 이 말씀들을 간수하시리니 주께서 이 세대로부터 영원토록 그것들을 보존하시리이다』(시 12:6,7).

성경에 대한 자세는 이미 정해져 있다

성경을 대하는 사람의 자세는 크게 세 가지로 나누어 볼 수 있다. 먼저 "자유주의"가 있다. 자유주의자들은 성경의 기록자가 사람이라고 주장한다. 그렇기에 자유주의자들은 성경에 기록된 창조와 기적들은 믿지 않는다. 더욱이 예수 그리스도를 하나님이 아닌 인류의 4대 성인 중 한 사람 정도로 생각한다. 그래서 이들에게 있어 성경은 그저 고대 문헌 중 하나일 뿐이다. 결국 자유주의자들은 불신자들의 생각이나 주장과 동일한 모습을 보이게 된다.

다음으로 "신정통주의"가 있다. 이들은 "성경이 하나님의 말씀을 포함하고 있다."라거나 "성경은 하나님의 말씀이 된다."라고 주장한다. 이는 성경에 하나님의 말씀도 있지만, 사람이 쓴 인간의 말도 있다고 주장하는 것이다. 문제는 어느 구절이 하나님의 말씀이고 인간의 말인지 아무도 모른다는 것에 있다. 이들은 또한 성경에서 신앙의 문제를 제외한 역사적, 과학적인 기록과 성경의 구체적인 사건들을 진술한 기록들에 오류가 있다고 주장한다. 그 결과 신정통주의자들에게 성경은 모든 문제를 판단하는 최종권위가 되지 못한다. 간혹 이들이 성경의 권위를 믿는다고 말할 때도 있지만 그것은 입술로만의 고백일 뿐 하나님께서 인정하시는 바른 성경적 믿음은 아니다.

마지막으로 "정통주의"가 있다. 이들은 "성경이 하나님의 말씀이다."라고 믿는다. 성경의 글자 하나하나가 영감을 받아서 기록되었기 때문에 성경이 역사적, 과학적 사실뿐만 아니라 초자연적인 기록에 있어서도 절대 오류가 없다고 믿는다. 그런데 정통주의자라고 자처하는 자들 중에서도 하나님께서 영감으로 기록하신 말씀은 최초의 원본뿐이라고 주장하는 자들이 있다. 그래서 최초의 원본이 없어진 오늘날에는 처음과 같은 권위를 지닌 성경이 없다고 주장하는 것인데 이는 하나님께서 그분의 말씀을 영원토록 보존하시겠다는 약속(시

12:6,7)을 불신하는데서 오는 생각이다. **하나님께서 영감으로 기록하신 그분의 말씀을 섭리적으로 보존하시지 못할 것이라고 생각하는 것이다.** 그렇기에 이런 사람들은 자신을 정통주의자라고 표명하지만 결국 자유주의자나 신정통주의자와 같은 믿음을 행보를 보인다.

성경 보존의 일을 수행한 사람들

구약은 "유대인"이 그중에서도 아론의 계열을 따른 제사장 그룹이 성경 보존의 일을 했다.

> 『모세가 이 율법의 말씀들을 완성하여 그것들을 한 책에 기록하기를 마쳤을 때 모세가 **주**의 언약궤를 메는 레위인들에게 명령하여 말하기를 "이 율법의 책을 가져다가 **주** 너희 하나님의 언약궤 옆에 두어 그것으로 너희에 대한 증거로 거기에 있게 하라』(신 31:24-26).

반면 신약 시대에는 특별한 제사장 그룹이 존재하지 않지만, 대제사장이신 예수 그리스도 안에서 믿는 모든 그리스도인이 제사장이 된다(계 1:5,6; 5:10). 바로 제사장직을 수행하는 그리스도인들이 성경 보존의 일을 했다.

> 『그러나 너희는 선택받은 세대요 왕 같은 제사장이며, 거룩한 민족이요, 독특한 백성이니, 이는 너희를 어두움에서 불러내어 그의 놀라운 빛으로 들어가게 하신 분의 덕을 너희로 선포하게 하려는 것이니라』(벧전 2:9).

구약성경의 보존 역사

A.D. 70년 이전까지는 이스라엘과 남왕국 유다가 멸망당하고 또 바벨론 포로로 잡혀가는 등 여러 역사의 굴곡이 있었지만, 창세기부터 말라기까지의 올바른 히브리어 성경이 유대에서 레위인들의 손길에 의해 온전히 보존되었다(말 2:7). A.D. 70년 이후에 구약성경은 유대를 벗어나 아라비아에서 그리고 "모세 벤 나흐만"(Moses Ben Nachman)과 같은 성경대로 믿는 유대인들에 의해 보존되며, 스페인과 지브롤터해협을 건너 유럽으로 전수된다.

초기 유대인 서기관들을 "타나임"(Tannaim)이라고 불렀는데 이들 서기관들이 구약성경을 정확하게 필사했고 "미쉬나"(Mishna)라고 불리는 히브리어 발음의 전통을 기록하는 일을 하기도 했다. 이러한 일들은 "아모라임"(Amoraim), 즉 "해설자들"이라고 불리는 다른 그룹의 서기관들에게 전수되었다. 아모라임 이후에 나온 사람들이 6세기의 "맛소라들"(Masoretes)인데 이 말은 "전통주의자들"이라는 뜻이다. 맛소라들에게서 구약의 히브리어 "맛소라원문"(the Hebrew Masoretic Text)이 형성되었다. 그들은 필사 상의 오류들이 발생하는 것을 막기 위한 여러 안전장치가 있었는데, 그중 하나는 각 책에 나오는 알파벳 글자 하나하나의 숫자를 세는 것이었다.

이들 맛소라들은 두 부류로 나뉜다. 바벨론을 중심으로 한 "동방 맛소라들"과 팔레스타인을 중심으로 형성되어 티베리아에서 주로 활동한 "서방 맛소라들"이다. 서방 맛소라들을 그들이 주로 활동한 지역명을 따라 "티베리아 맛소라"라고 부르는데 이들에 의해 원문의 보존이 이루어진다. 티베리아 맛소라들은 다시 두 집안을 중심으로 나뉘며, 원문 역시 그에 따라 나뉜다. 그 하나가 "벤 납탈리"(Ben Naphtali) 집안을 중심으로 한 원문이고, 다른 하나는 "벤 아셰르"(Ben Asher) 집안을 중심으로 한 원문이다. 벤 아셰르 집안은 8세기 후

반부터 10세기 중엽까지 그 맥을 이었다. 이들 중에서 그 대표자가 "모세 벤 아셰르"(Moshe Ben Asher)인 벤 아셰르 집안이 더 올바른 원문을 전수했다. A.D. 895년에 출간된 모세 벤 아셰르의 히브리어 맛소라원문이 성경대로 믿는 사람들에 의해 수용되었는데, 모세 벤 아셰르의 맛소라원문은 그가 직접 본문을 기록하고 모음기호도 제시한 것이었다.

모세 벤 아셰르 이후에 인쇄된 맛소라원문(the Masoretic Text), 즉 전통원문(the Traditional Text)은 중세의 마지막 시기에 출간되었다. 처음 인쇄된 것은 1477년으로 시편만 출간되었고, 1488년에는 전체 구약성경이 처음으로 인쇄되었으며, 1491년에 두 번째 판이, 1494년에 세 번째 판이 각각 출간되었다. 이러한 히브리어 성경의 보존된 형태는 히메네스(Ximenes)에 의해 편집된 "콤플루텐시안 폴리글롯"에 보존되었고, 또한 야곱 벤 하임의 맛소라원문의 근거가 되었다.

1516-1517년에 "펠릭스 프라텐시스"(Felix Pratensis)가 편집하고 "다니엘 봄베르그"(Daniel Bomberg)가 베니스에서 출간한 성경이 있는데 이를 "제1 랍비성경"이라고 부른다. 반면에 1524-1525년에 "야곱 벤 하임"이 편집하고 "다니엘 봄베르그"가 베니스에서 출판한 "야곱 벤 하임의 맛소라원문"을 통상적으로 "제2 랍비성경"이라고 부르며, 다니엘 봄베르그의 이름을 따서 "봄베르기아나"(Bombergiana)라고 부르기도 한다. "야곱 벤 하임의 맛소라원문," 즉 제2 랍비성경은 키텔의 3판이 출간되기까지 권위본으로서 사용되었다.

이와 같이 "모세 벤 아셰르의 원문", 히메네스가 편집한 "콤플루텐시안 폴리글롯"의 히브리어 원문, 그리고 "야곱 벤 하임의 맛소라원문"(1524-1525)으로 보존된 올바른 구약성경의 맥이 이어지고 1611년 "킹제임스성경"의 번역자들도 이 구약 원문을 사용한다. 따라서 하나님의 영감으로 기록된 히브리어 구약원문은 하나님의 섭리 가운데 보존되어 참된 성도들의 손에까지 전수되었으며, 그 절정은 "킹제임스성경"으로 집약되었다.

신약성경의 보존 역사

신약성경은 신실한 그리스도인들에 의해 필사된 필사본들을 통해 보존되었다. 이렇게 필사된 필사본들을 학자들은 네 개의 계열로 나누고 있다. 그중에서도 크게 두 개의 계열로 구분할 수 있는데 바로 시리아 안티옥에서 섭리 가운데 보존된 "**시리아 계열**"과 이집트에서 온 아프리카 원문으로 변개된 "**알렉산드리아 계열**"이다.

신약성경의 보존은 바로 시리아의 안티옥에서 이루어졌는데 안티옥은 수많은 성경 필사본들의 보존과 깊은 관계가 있는 곳이다. 안티옥 교회의 설립과 초기 사역은 사도행전 11:19-30에 잘 드러나 있다. 사도행전 13:1-4에서는 하나님께서 안티옥에서 사역하던 바나바와 바울을 하나님께서 부르셔서 선교지로 파송하신 것에 대해 말씀하고 있다. 성경에서 안티옥 교회는 하나님의 말씀을 전파하는 교회였으며(행 11:20,23), 말씀을 증거하는 교회요(행 11:21,24), 말씀을 가르치는 교회였다(행 11:26; 13:1). 또한 『**제자들이 처음으로 '그리스도인'이라고 불리더라.**』(행 11:26)는 말씀과 같이 그리스도의 이름으로 모여 예배하는 교회였다. 그뿐만이 아니다. 구제하는 교회였으며(행 11:29-30), 기도하는 교회요(행 13:2,3), 선교하는 교회였다(행 13:3,4). 이 이 교회가 있던 시리아의 안티옥에서 바른 하나님의 말씀들이 필사되어 나갔던 것이다.

2003년 기준으로 그때까지 발견된 필사본들의 수는 5735개이다. 이 중에서 80-90%가 바로 보존된 원문을 필사한 시리아 계열로 구분되어 "**다수 필사본**"을 구성한다. 방대한 헬라어 신약 필사본들의 대다수가 서로 매우 밀접하게 일치하고 있어, 그 필사본들이 보존된 신약 원문들을 기록하고 있다는 것에 대한 증거로 제시할 수 있다. 근대의 비평가들은 이 다수 필사본을 "**비잔틴 원문**" (Byzantine text) 이라고도 부르는데, 이는 이 다수원문들이 비잔틴 제국 기간

(A.D.312-1453) 동안 거의 모든 지역에서 일반적으로 사용된 헬라어 신약 원문이었기 때문이다. 원문 비평학의 아버지라고 불리는 딘 버간은 헬라어 신약 원문의 절대다수인 이 비잔틴 원문을 "**전통원문**"(Traditional text)이라고 불렀다. 물론 여기서 버간은 "**전수되었다**"는 의미에서 "전통"(Traditional)이라는 말을 사용하였고, 이러한 의미에서 "사람의 전통"과는 다른 "하나님의 전통"(the Divine Tradition)의 의미를 지니고 있다. **결국, "다수 필사본", "비잔틴원문", "전통원문"은 모두 다 보존된 필사본들을 지칭하는 말이다**. 더욱이 이 원문들이 그리스도인들에 의해 말 그대로 받아들여진 원문, "**텍스투스 리셉투스**"(Textus Receptus)가 되었다. 수 세기 동안 단절되지 않은 원문의 전수가 이 원문으로 이루어졌고, 성경대로 믿는 사람들은 물론 A.D. 312-1453년까지 희랍 교회에서 사용되었고, 1453-1881년까지는 프로테스탄트 교회들 전체에서 사용되었다.

안티옥에서 시작한 보존된 필사본들은 요한계시록이 기록된 지 채 50년이 되기도 전에 "시리아어"와 "라틴어"로 된 초기 번역본으로 이어진다. 특히 구 라틴역본은 그리스도인들을 통해 유럽과 아프리카로 전해진다. 그렇기에 2세기 전에 이미 유럽과 아프리카에는 올바른 필사본이 전수되어 있었다.

이 필사본들이 이태리 교회와 골 교회 그리고 켈트 교회와 발칸과 독일 지역에서 사용되고 앞에서 언급한 것처럼 비잔틴 제국 기간에 희랍 교회들에서 사용된다. 이때 폴리캅, 크리소스톰, 노바티안스, 알반, 몬타니스트, 성 패트릭, 폴리시안, 유카이트, 보고마일, 루이저, 피카즈, 라바누스, 풀버트, 레우타드, 로사네의 헨리, 베긴스, 프라타셀리, 은둔자 피터, 탄켈름, 부르노, 아놀드, 카타리, 알비겐스, 게라드, 보도파, 힐데가드, 플로리스의 요아킴, 버톨드, 레이몬드 룰, 버나디노, 위클리프, 사보나롤라, 후스 등이 이 전통원문을 사용한다. 그리고 이후로는 헬라어 표준원문이 인쇄되어 에라스무스성경(1535), 콜리네우스성경(1534), 스테파누스성경(1550), 베자성경(1598), 엘지버성경(1633) 틴데일 성경(1525) 루터성경(1534)에 이르러 영국에서 킹제임스성경(1611)으로 이어진다. 필라델피아 교회 시대를 꽃피운 킹제임스성경을 사용한 신실한 그리스도인들, 영적인 거장들은 이루 말할 수가 없다. 쯔빙글리, 낙스, 메노나이츠, 재침례교도, 스페너, 진젠돌프, 모라비안, 웨슬리, 휫필드, 폭스, 리빙스톤, 스터드, 피니, 뮬러, 무디, 스펄전, 펨버, 라킨, 토레이, 노리스, 아이언사이드, 스코필드, 채프만, 디한, 밥 존스 1세, 그래이, 잭 하일즈, 등이 모두 하나님의 섭리 가운데 온전히 보존된 〈킹제임스성경〉을 사용하는 신실한 그리스도인들이었다. 이들이 사용했던 〈킹제임스성경〉의 뒤를 이어 1994년 한국에 〈한글킹제임스성경〉이 나오게 되는 것이다.

성경 변개의 역사

성경 변개의 역사는 이집트의 알렉산드리아에서 "**알렉산드리아 계열**"로 불리는 필사본들을 통해서 시작된다. 알렉산드리아라는 지명은 성경에서 세 번 언급되는데 모두 부정적으로 언급된다(행 6:9; 18:24-26). 이곳에서 3세기 초 "교리문답학교"를 세운 클레멘트는 세상 철학을 기독교 신앙에 접목시킨 사람으로 부패한 필사본을 수집했다. 새미국표준역본(NASV)는 바로 이 클레멘트가 수집하였던 그 원문에 기초하고 있는데, **이는 학자들이 오래된 원문이 가장 정확하다는 이상한 편입견에 사로잡혀 있기 때문이다**.

알렉산드리아 학파에서 가장 잘 알려진 사람은 클레멘트를 추종했던 오리겐이다. 그는 당대 가장 영향력 있는 "학자"였으며, 헥사플라(Hexapla, 6란성경)라고 부르는 성경을 편수한다. 그 중 5란이 "70인역"으로 알려진 그 성경이다. 각 난은 다른 역본들을 담고 있었는데 오리겐은 "에비온주의"와 같은 자신의 헬라철학 사상과 맞지 않는 성경 말씀들을 계속해서 변개시켰으며, 하나님의 말씀을 풍유적 혹은 은유적으로만 해석했다. 더욱이 그는 오늘날 여호와의 증인들처럼 예수 그리스도를 하나의 피조된 신으로 믿는 등 세간에는 추앙받지만 실상 오리겐은 신학에서는 물론 원문비평학에 있어서도 전혀 신뢰할 수 있는 사람이 아니다. 그런데 이런 사람에 의해 알렉산드리아 계열의 변개된 필사본들이 나오게 된다.

더욱이 오리겐은 A.D. 231년에 알렉산드리아에서 카이사랴로 이주해 그곳에 새로운 본거지를 만들고는 그곳에서 초기 시리아 본문과 라틴어 본문을 알렉산드리아의 본문과 혼합하면서 "**카이사랴 계열**"의 본문들을 만들어 낸다. **변개된 알렉산드리아 계열과 키아사랴 계열의 필사본들이 모두 오리겐으로부터 시작하는 것이다**. 피터 럭크만 박사는 카이사랴 계열을 일종의 다크호스로 묘사한다. 왜냐하면 한 번도 독립된 원문 세열로 존재한 적이 없기 때문이다. 실제로 폰 소덴이라는 학자는 전통원문의 계열의 필사본들을 빼내어 카이사랴 계열로 편입시키켜 사람들을 혼란스럽게 만들고 있다. 이 모든 것은 전통원문의 권위를 약화시키려는 목적을 가지고 있는 것이다.

이후 정치적인 이유로 기독교를 공인한 콘스탄틴 황제가 성경 제작을 명령했고 오리겐의 추종자 유세비우스가 앞서 오리겐이 변개시킨 성경 50권의 복사본을 만듦으로써 변개된 성경이 확산되기 시작한다. 여기서 "**바티칸 사본**"과 "**시내 사본**"이 나오는데 특히 시내 사본은 허마의 목자서나 바나바 서신 등의 외경을 담고 있으며 변개된 디다케 등을 담고 있다. 즉 구약에는 외경을, 신약에는 위경을 담고 있는 것이다.

5세기 초 제롬은 다마수스 1세 교황의 명령을 받아서 로마카톨릭의 교리를 옹호하는 성경을 라틴어로 번역해 냈는데, 바로 제롬의 라틴 벌게이트이다. 1546년 트렌트 공회에서 이 성경의 권위를 인정하고 로마카톨릭의 공식 성경을 채택한다. 제롬이 구약의 정경으로써 외경을 집어넣기를 원했고, 교황 다마

수스가 외경을 넣게 함으로써, 그 결과 7권의 외경이 성경 안에 삽입되게 된다. 제롬의 변개된 라틴 벌게이트를 1582년에 영어로 번역한 것이 림즈 듀웨이(두에랭스)성경이다.

1881년 영국에서는 케임브리지대학의 두 교수 웨스트코트(Brooke Foss Westcott)와 홀트(Fenton John Anthony Hort)가 헬라어 원문으로 된 두 권의 새로운 신약성경을 출간한다. 이들은 오리겐, 유세비우스, 제롬으로 이어지는 변개된 원문을 신약성경의 근간으로 사용했는데도 불구하고 1881년에 영국의 성경개정위원회에서는 급기야 이들의 헬라어 본문을 채택해 1885년에 영어 개역본을(RV) 출간한다. 이 개역본은 1901년 미국표준역본(ASV)과 거의 일치하고 있으며 또한 오늘날의 새미국표준역본(NASV)와도 거의 유사한 특징을 보인다. 1898년부터 1993년까지는 네슬의 변개된 헬라어 성경이 27판까지 나오며 지속해서 새미국표준역본(NASV, 1971), 새국제역본(NIV, 1978), 뉴킹제임스성경(NKJV, 1982) 등 변개된 성경의 맥을 이어 나간다. 이 변개된 알렉산드리아 계열의 헬라어 원문들에서 여호와의 증인들의 성경(NWT, 신세계역본)이 나오는데 결국 우리나라의 개역성경을 비롯해 오늘날의 거의 모든 현대 번역본들의 원본으로 사용되게 된다.

하나님께서 성경을 영감으로 기록하셨다는 사실은 곧 그 말씀을 보존하시겠다는 필연성을 지닌다. 한 세기가 지나기도 전에 없어져 버릴 것을 영감 가운데 기록하게 하셨다는 것은 논리적으로 납득되지 않는다. 그렇기에 딘 버간 또한 "최초의 기록이 하나님에 의해 문자 하나하나가 영감 받았다면, 필연적으로 그 말씀들은 시대를 통해 섭리 적으로 보존됐어야만 한다."라고 말했다.

더욱이 하나님께서는 자신의 말씀을 보존하시겠다고 선언하셨다. 『너

희는 내가 너희에게 명령한 그 말씀에 더하지도 말고, 거기에서 빼지도 말고, 내가 너희에게 명령하는 주 너희 하나님의 계명들을 지킬지니라.』(신 4:2)라는 말씀을 선두로 열왕기하 10:10, 시편 12:6,7; 100:5; 119:89,160, 잠언 30:5,6, 이사야 40:8, 마태복음 5:18, 누가복음 21:33, 요한복음 10:35, 베드로전서 1:24,25, 요한계시록 22:18,19 등에서 하나님께서는 자신의 말씀을 보존하시겠다고 말씀하셨다. 하나님께서 말씀하셨는데도 불구하고, 하나님께서는 스스로 하신 말씀을 지키실 능력이 없으신가? 제임스 오르(James Orr) 박사는 "초자연적인 계시를 기록한 성경을 비평할 때 그 성경 비평의 접근 방식에 나타나는 오류의 주된 원인은 초자연적인 어떤 것도 일어날 수 없다고 가정하는 것이다. 이것은 신구약에 대한 비평 중 많은 부분을 무효로 만드는 것이다."라고 말하며 성경 보존에 관한 하나님께서 선언하신 말씀을 무시하고 하나님의 섭리적인 개입을 무시하는 현 비평가들의 한계를 지적했다.

사실 성경이 하나님의 영감으로 기록되고 또 하나님의 섭리로 보존되었다고 믿는 것은 그리스도인이 갖는 지극히 평범한 믿음이다. 금세기에 뛰어난 원문비평학자였던 에드워드 힐스(Edward F. Hills) 박사는 영감으로 기록되고 섭리로 보존된 사실을 믿는 믿음을 그리스도인의 "순수한 믿음"이자 "논리적인 믿음"(logical faith)이라고 말했다. 만일 당신이 성경대로 믿는 그리스도인이라면 이러한 믿음을 가지고 있을 것이다. 그리고 지금 우리 손에는 하나님께서 시대를 통해 섭리 가운데 보존하셔서 한글로 전수된 〈한글킹제임스성경〉을 가지고 있다. 신약 교회 시대 말씀 보존의 사명을 부여받은 그리스도인들은 우리에게 주신 이 최종 권위를 주님께서 오시는 그날까지 굳게 지켜 나가야 할 것이다.

하나님께서 보존하신 성경과 변개된 성경

하나님께서 보존하신 성경 (시 12:6,7)

↓
히브리어 맛소라원문
헬라어 표준원문
↓
구시리아 / 구라틴 역본(A.D. 120-150)
↓
북부 이탈리아 교회에서 사용한 성경
(A.D. 157-180)
↓
골 교회에서 사용한 성경(A.D. 177-200)
↓
켈트 교회에서 사용한 성경(A.D. 300)
↓
발칸과 독일 지역에서 사용한 성경
(A.D. 400)
↓
비잔틴 제국 기간 동안
희랍 교회들에서 사용한 성경
(A.D. 312-1453)
↓
인쇄된 헬라어 표준원문 :
에라스무스 성경(1516),
스테파누스 성경(1551), 베자 성경(1598)
엘지버 성경(1633)
↓
틴데일 성경(1525)
↓
루터 성경(1534)
↓
킹제임스성경(King James Bible, 1611)
↓
한글킹제임스성경(1994)

사탄의 종들이 변개한 성경 (고후 2:17)

↓
바빌론의 신비 종교, 철학
↓
오리겐(A.D. 184-254)의 헥사플라 제5란
70인역
↓
유세비우스가 50권의 복사본을 만듦
바티칸 사본(A.D. 350),
시내 사본(A.D. 350) : "외경" 포함
↓
제롬의 라틴 벌게이트(A.D. 415)
↓
예수회의 림즈 듀웨이 성경(1582)
↓
비평가들이 편집한 헬라어 성경들 :
그리스바흐(1812), 라흐만(1851),
트레겔레스(1872), 티센돌프(1874)
↓
웨스트코트와 홀트의 헬라어 성경(1881)
영어 개역본(RV, 1885), ASV(1901),
RSV(1952)
↓
네슬판 헬라어 성경 1-27판(1898-1993)
NASV(1971), NIV(1978), NKJV(1982)
↓
한글개역성경(1961), 개역개정판(1998)

제4과
개역개정판의 변개된 실상

『우리는 하나님의 말씀을 변개시킴으로써 *이익을 취하는* 여러 사람들과 같지 않고 오직 성실함으로써 또 하나님께로부터 난 자로서 하나님 앞에서와 그리스도 안에서 말하노라』(고후 2:17).

성경 변개, 마귀의 제1 지상과제

창세기 3장부터 지금까지 하나님의 말씀에 대한 사탄의 공격은 매우 교묘하게 지속되어 왔으며, 이 땅의 성경 번역에도 깊게 침투하여 변개된 성경이 한국 교계에 뿌리내리도록 역사해 왔다. 우리말 성경이 처음 번역되어 출간된 1887년부터 현재까지 제도화된 교단 소속의 선교사들이 한국인 조력자들과 함께 출간한 초기 번역본들은 물론, 국내 교단 학자들과 목사들이 모여 구성된 대한성서공회를 통해 이루어진 모든 한글 번역본들 역시 순수한 하나님의 말씀이 아니라 변개된 성경이었다.

설혹 많은 사람들이 순수한 목적으로 성경 번역에 매진했다 할지라도 그들의 수고를 통해 바른 성경을 만들지 못했던 근본적인 이유는 번역에 있어 가장 중요한 요소인 번역의 저본(底本), 즉 원문을 잘못 선정했기 때문이다. 원문이 바르지 않으면 결코 번역본이 바를 수 없다. "그 아버지의 그 아들"인 것이다.

한글 성경이 처음 번역되던 1880년대는 이미 전 세계적으로 웨스트코트와 홀트의 변개된 헬라어 성경(1881년)과 네슬의 변개된 헬라어 성경(1898년), 그리고 영어 개역본(RV, 1885년)과 미국표준역본(ASV, 1901년) 등이 각국의 성경 번역에 지대한 악영향을 주고 있었던 시기였다[지금도 마찬가지다]. 바로 그때 우리말 성경이 이들 변개된 원문 성경들과 영어 역본들을 근거로 번역되고 개정됨으로써 시작부터 변질된 성경이 이 땅에 정착하게 되었던 것이다.

변개된 성경은 변개된 성경을 낳는다

변개된 성경들은 보존된 바른 성경들과 다르게 시리아 안티옥에서 기원한 것이 아니라, 세상을 상징하는 부정적인 곳인 "이집트 알렉산드리아"에서 기원했다. 이곳 출신의 "오리겐"(Origen, A.D. 184-254)은 예수 그리스도의 신성을 부정하여 예수 그리스도를 아버지 하나님과 동등하게 믿지 않은 에비온파의 일원으로서, 예수 그리스도의 신성과 권위에 대한 많은 성경 말씀들을 변개시켰다.[6] 이렇게 오리겐이 변개시킨 성경에서 "유세비우스"(Eusebius, A.D. 260-340)가 50권의 성경을 복사함으로써 변개된 성경이 확산되었는데, 그것이 가장 변개된 두 사본인 '시내 사본'과 '바티칸 사본'이다. "제롬"이 이 사본에서 라틴어 성경을 번역함으로써 변개된 성경(제롬의 라틴 벌게이트)이 로마가톨릭에 확산되었던 것이다.

1881년에 영국의 두 학자, "웨스트코트"와 "홀트"가 시내 사본과 바티칸 사본을 근거로 헬라어 신약성경을 편집하여 출간했는데, 보존된 헬라어 성경인 〈표준원문〉과 비교하여 5,700여 곳이 변개되었다. 이 성경에서 1885년 영어 〈개역본, Revised Version〉이 번역되었으며, 이로 인해 1611년 이래 270년 동안 〈킹제임스성경〉을 사용해 온 교계는 하나의 커다란 혼란을 맞게 되었다. 소위 〈킹제임스성경〉의 오류들을 개정하여 원본에 가깝다고 한다면 그 성경은 〈킹제임스성경〉을 제압하고 꾸준히 사용되었어야 했을 것이나, 그 성경을 지금 누가 어디에서 사용하고 있는가? 현재 영어 〈개역본, RV〉은 출판이 중단된 지 오래되었으며 아무도 사용하고 있지 않다. 성경의 권위는 그 성경의 지속성에 있다.

한편 독일 학자 "네슬"(Eberhard Nestle)이 1898년에 웨스트코트와 홀트의 변개된 헬라어 성경을 근거로 네슬판 헬라어 성경을 출간했는데, 이것이 현재

6) 눅 2:33, 요 1:18, 행 8:37; 20:28, 롬 14:10, 골 2:9,10, 딤전 3:16 등

가장 변개된 헬라어 원문 성경이다. 이 원문은 〈개역한글판성경, 1961〉의 근거로 제시되고 있다. 〈개역성경〉과 〈한글킹제임스성경〉을 비교해 보면 〈개역성경〉은 신약에서만 2,200단어 이상이 삭제되었다. 과연 "삭제된 성경"(개역성경)과 "삭제되지 않은 성경"(한글킹제임스성경) 중 어느 것이 참된 하나님의 말씀이겠는가?

개역성경, 잘못 끼워진 단추

〈개역성경〉이란, "구역(舊譯)성경"으로 불리는 〈성경전서〉(1911년)를 개정하여 1938년에 출간한 〈성경개역〉을 1952년과 1956년을 비롯하여 여러 번에 걸쳐 개정해서 출간한 1961년판 〈성경전서 개역한글판〉을 일상적으로 일컫는 말이다. 〈개역성경〉은 처음 출간된 이후로 수십 번 개정하여 현재에 이르고 있는데, 이 〈개역성경〉을 한국 교회가 그동안 사용해 온 것은 선택의 여지 없이 사용할 수 있는 성경이 〈개역성경〉 하나밖에 없었으며, 그것이 인간적인 전통으로 고착화되었기 때문이다. 그런데 이 성경은 처음 번역되어 출간되었던 때부터 이미 폐기되어야 할 운명이 결정된 성경이었다. 마치 인간이 태어날 때부터 죄인으로 태어났기 때문에 죄의 삯으로 한 번 죽고 그 뒤에 심판이 정해진 것과 같다(시 51:5, 롬 5:12; 6:23, 히 9:27).

현재 한국 교회에서 널리 사용되고 있는 〈개역성경/개정판〉이 폐기되어야 하는 이유는 무엇인가? 변개된 원문과 역본들에 따라 번역되고 개정된 결과 신구약 전체에서 오역된 구절들과 삭제되고, 첨가되고, 대체된 단어들을 포함하면 약 3만여 곳이 변개되어 있기 때문이다. 이 수치는 단순하게 맞춤법이나 문법의 변화로 인해 발생하는 오류를 넘어서서 교리적, 신앙적 변화를 가져오는 심각한 것들이다. 따라서 〈개역성경〉의 실상에 대한 전면적인 이해와 그 문제의 심각성에 대한 전면적인 깨달음이 없이는 한국 교회의 성경 문제는 해결될 수 없다.

그런데 한국 교계는 그동안 변개된 〈개역성경〉을 사용해 왔고, 육신적인 교회 성장에 매진해 왔기 때문에 성경적인 진리의 지식과 영적 분별력이 실제로는 결여된 상태에 있다. 그 결과 〈개역성경〉의 문제를 단지 시대에 뒤떨어진 표현들이 있다거나, 어려운 한자어가 많다거나, 혹은 비속어가 있다는 등의 매우 지엽적인 문제들만 있는 것으로 진단해 왔다. 이것은 이미 죽은 사람의 몸에 약간의 온기가 있다고 해서 살아 있다고 잘못 판단한 것과 같으며, 또 암세포가 몸의 주요 기관에 모두 퍼져 있는 죽기 직전의 중환자를 가벼운 외상이나 감기가 심하다고만 진단한 것과 같이 매우 어리석은 판단이다.

잘못을 인정하지 않는 대한성서공회

대한성서공회가 〈개역성경〉을 대체하는 강단용 성경으로 한국 교회에 제시한 것은 〈개역개정판〉이다. 그들이 교단들을 상대로 정치력을 발휘하여 〈개역개정판〉의 사용을 종용하며, 교계 언론을 통해 홍보하면서 〈개역개정판〉의 확산에 힘써 왔다는 점은 그들이 바른 성경을 번역하는 일은 감히 차치하고라도, 자기들의 썩은 성경을 보급하는 일에 처음부터 지금까지 계속 실패하고 있다는 증거이다. 대한성서공회의 첫 번째 실패는 변개된 원문에서 변개된 〈개역성경〉을 출간했다는 것이며, 두 번째 실패는 이 사실을 깨닫지 못하고 변개된 원문에서 〈공동번역〉(1977), 〈표준새번역〉(1993) 등의 또 다른 변개된 성경들을 번역했으나 〈개역성경〉에서 탈피하지 못했다는 것이다. 세 번째 실패는 〈표준새번역〉 이후에 그들이 바른 성경으로 돌아갈 수 있는 기회가 주어졌지만 저버린 것이다. 이는 본 학회를 통해 제시된 헬라어 〈표준원문〉과 영어

〈킹제임스성경〉이 하나님께서 보존하신 성경임을 깨닫지 못한 채 〈한글킹제임스성경〉을 거부한 것이다. 네 번째 실패는 〈개역성경〉을 대체하기 위해 내놓은 〈개역개정판〉이 〈개역성경〉을 7만여 곳이나 수정했다고는 하지만 여전히 〈개역성경〉과 똑같이 약 3만여 곳의 심각한 변개를 그대로 유지한 채 〈개역개정판〉을 출간했다는 것이다. 근본적인 변화는 없다. 소란스럽게 소문을 내고 대수술을 했지만 죽음을 피할 수 있는 어떤 치료도 못하고 수술 칼자국만 남긴 실패한 개정 작업이었으며, 〈개역개정판〉이라고 환자의 이름만 바꾸었을 뿐 인공호흡기에 의존하는 시체나 다름없는 시한부 성경이 다시 만들진 것이다. 모든 변개된 성경들의 운명은 잠시 있다가 사라지는 '시한부 성경'으로 그리스도인의 손에 들려져서 사랑받는 자생적인 생명력이 없다.

대한성서공회에서 발행된 〈개역성경〉, 〈공동번역〉, 〈표준새번역〉, 〈개역개정판〉은 동일한 원문에서 번역되었는데, 왜 동일한 원문에서 네 가지 성경을 출간했는가? 생명의말씀사에서 출간한 〈현대인의성경〉도 〈개역성경〉과 마찬가지로 변개된 같은 원문에서 번역되었으며, 아가페출판사의 〈쉬운성경〉도 변개된 같은 원문에서 번역되었다. 이러한 한글 성경들이 하나같이 알렉산드리아에서 유래한 필사본들의 헬라어 원문을 선호하게 된 원인은 바른 성경의 역사와 원문비평학에 대해 무지했기 때문이다. 그 결과 한국 교계는 처음 한글 성경이 번역될 때부터 지금까지 계속해서 한 가지 변개된 원문에서 여러 번역본들이 출간되는 잘못된 역사를 남기고 있다.

하나님께서 지키신 성경은 히브리어 "맛소라원문"과 헬라어 "표준원문," 영어 〈킹제임스성경〉 등이며, 이 성경들과 일치하는 각 언어의 보존된 성경들 역시 하나님께서 주신 성경입니다(딤후 3:16,17). 이 성경들은 ① 바른 원문에서 ② 의도적인 변개가 없이 ③ 직역했다는 특징이 있다.

하나님께서는 한 가지 성경만 쓰셨다

하나님께서는 혼란의 하나님이 아니시다. 예수님께서는 하늘과 땅은 없어져도 주님의 말씀은 결코 없어지지 않는다고 단언하셨다(마 24:35). 변개된 부분으로 말미암아 오류를 지니게 된 성경이 어떻게 신학과 교리와 신앙의 최종권위가 될 수 있겠는가? 성경이 변개되면 교회는 인본주의적인 종교 집단이 되고, 바른 믿음과 신앙은 결코 자라날 수 없다. 따라서 하나님을 바르게 믿고 그분의 뜻대로 섬기기를 원하는 사람은 변개된 성경을 분별하고 바른 성경으로 돌아가야 한다.

〈한글킹제임스성경〉은 히브리어 〈맛소라원문, Masoretic Text〉, 헬라어 〈표준원문, Textus Receptus〉, 독일어 〈루터 성경〉, 프랑스어 〈올리베탄 성경〉, 스페인어 〈레이나 발레라 성경〉, 이태리어 〈디오다티 성경〉, 영어 〈킹제임스성경〉과 같은 맥을 유지하는 섭리로 보존된 성경이다. 그 중에서도 영어 〈킹제임스성경〉은 1611년에 출간된 이후 전 세계에서 가장 완벽한 성경으로 입증되어 온 최고의 성경이며, 여기서 약 800개의 다른 언어들로 성경이 번역되었다. 〈한글킹제임스성경〉도 영어 〈킹제임스성경〉으로부터 번역하였고, 구약 어휘들은 히브리어 〈맛소라원문〉으로, 신약 어휘들은 헬라어 〈표준원문〉으로 대조하여 조화를 이루었다.

〈한글킹제임스성경〉은 1994년 4월 12일에 출간되어 현재에 이르고 있으며, 이 땅에서 분별력 있는 그리스도인들에게 우리말로 번역된 가장 "정확"하고 가장 "권위" 있는 성경으로 인정받고 있다. 한국어를 모국어로 사용하는 우리에게 최종권위는 원어 성경이나 영어 성경들과 같은 외국어 성경이 아니라, 우리가 읽고, 암송하고, 가르치고, 설교하고, 판단할 때 실제로 우리 손에 들려져 있으면서 말씀의 권위를 행사하는 그 성경, 〈한글킹제임스성경〉이다.

보존된 성경과 변개된 성경의 구절 비교

마귀의 성경 〈개역개정판〉의 변개된 부분들은 지면 관계로 다 게재할 수가 없다. 더 자세한 내용은 〈"개역개정판"이 얼마나 변개되었는지 아십니까?〉(말씀보존학회 刊)를 참조하라.

I. "없음" - 13구절의 절 전체 삭제

"하늘과 땅은 없어져도 내 말들은 결코 없어지지 아니하리라"(마 24:35)고 예수 그리스도께서 직접 말씀하셨다. 그러나 주님의 이러한 약속에도 불구하고 〈개역성경〉, 〈개역개정판〉 등과 같이 변개된 성경들은 13구절에서 "없음"이라고 표기하고 절 절체를 삭제했다. 변개된 성경들은 예수님을 거짓말쟁이로 만들고, 성경을 모순된 책으로 만든다. 하나님께서는 직접 섭리적 역사로 보존하신 바른 성경들을 통해 이러한 말씀들을 지키셨다.

구 절	<한글킹제임스성경>	<개역/개정판>
마태복음 17:21	그러나 이런 종류는 기도와 금식에 의하지 않고는 나가지 아니하느니라."고 하시더라.	(없음)
마태복음 18:11	인자가 온 것은 잃어버린 자를 구원하려는 것이라.	(없음)
마태복음 23:14	위선자인 서기관들과 바리새인들아, 너희에게 화 있으리라! 이는 너희들이 과부들의 집을 삼키며 남들에게 보이고자 길게 기도하기 때문이라. 그러므로 너희는 더 큰 심판을 받으리라.	(없음)

마가복음 9:44,46	그곳에는 그들의 벌레도 죽지 않고, 불도 꺼지지 아니하느니라.	(없음)
마가복음 11:26	그러나 만일 너희가 용서하지 아니하면 하늘에 계신 너희 아버지께서도 너희 허물을 용서하지 아니하시리라."고 하시더라.	(없음)
마가복음 15:28	그리하여 '그가 범죄자들과 더불어 헤아림을 받았다.'고 말한 성경이 이루어졌더라.	(없음)
누가복음 17:36	또 두 사람이 들에 있는데, 한 사람은 데려가게 되고 한 사람은 남게 되리라."고 하시니라.	(없음)
누가복음 23:17	(명절에는 반드시 그들에게 한 사람을 놓아주게 되어 있더라.)	(없음)
사도행전 8:37	빌립이 말하기를 "만일 당신이 마음을 다하여 믿으면 합당하니라."고 하니 그가 대답하여 말하기를 "나는 예수 그리스도가 하나님의 아들이신 것을 믿나이다."라고 하더라.	(없음)
사도행전 15:34	실라는 오히려 그곳에 머무는 것을 좋게 여기니라.	(없음)
사도행전 28:29	그가 이 말을 마치니 유대인들이 자리를 뜨더라. 그리고 그들 사이에 상당한 쟁론이 있더라.	(없음)
로마서 16:24	우리 주 예수 그리스도의 은혜가 너희 모두와 함께 있을지어다. 아멘.	(없음)
요한일서 5:7	이는 하늘에서 증거하시는 이가 세 분이시니, 아버지와 말씀과 성령이시요, 이 세 분은 하나이심이라.	(없음)

II. 삼위일체와 예수 그리스도의 신성

1. 요한일서 5:7 : "삼위일체의 강력한 증거" - "이 세분은 하나이시라"

<한글킹제임스성경>	<개역/개정판>
6 이분은 물과 피로 오신 분, 곧 예수 그리스도시라. 물로만이 아니라 물과 피로니라. 증거하시는 이는 성령이시니, 성령은 진리이시기 때문이라. 7 이는 하늘에서 증거하시는 이가 세 분이시니, 아버지와 말씀과 성령이시요, 이 세 분은 하나이시라.	6 이는 물과 피로 임하신 자니 곧 예수 그리스도시라 물로만 아니요 물과 피로 임하셨고 7 증거하는 이는 성령이시니 성령은 진리니라 ※ 새번역, 쉬운성경 - 삭제

개역성경은 7절 말씀을 삭제하고 6절 후반부를 분리해서 7절에 기록했다. 개역성경은 신약에서 13구절이나 '없음'이라고 표기했으면서도 요한일서의 이 경우에는 7절에 '없음'이라고 표기하지 않고 마치 7절이 있는 것처럼 의도적으로 삭제를 감추고 있는 것이다. 삭제된 7절은 삼위일체를 가장 강력하게 증거하는 매우 중요한 구절이다.

2. 디모데전서 3:16 : "경건의 신비" - "하나님"과 "그"의 차이

<한글킹제임스성경>	<개역/개정판>
경건의 신비는 논쟁의 여지없이 위대하도다. 하나님께서는 육신으로 나타나셨고 성령으로 의롭게 되셨으며, 천사들에게 보이셨고 이방인들에게 전파되셨으며, 세상에서 믿은 바 되셨고 영광 가운데로 들려 올라가셨음이라.	크도다 경건의 비밀이여 그렇지 않다하는 이 없도다 ○ 그는 육신으로 나타나신 바 되시고 영으로 의롭다 하심을 입으시고 천사들에게 보이시고 만국에서 전파되시고 세상에서 믿은 바 되시고 영광 가운데서 올리우셨음이라 ※ 새번역 - 그는, 쉬운성경 - 주님께서는

"예수 그리스도"께서 육신으로 나타나신 것이 아니라 "하나님"께서 육신으로 나타나신 것이다. "하나님"께서 육신으로 오셨기 때문에 "하나님께서 자신의 피(his own blood)로 사신 교회"(행 20:28)라는 말씀이 맞는 것이다.

3. 사도행전 8:37 : "믿는 자의 신앙고백"

<한글킹제임스성경>	<개역/개정판>
빌립이 말하기를 "만일 당신이 마음을 다하여 믿으면 합당하니라."고 하니 그가 대답하여 말하기를 "나는 예수 그리스도가 하나님의 아들이신 것을 믿나이다."라고 하더라.	없음 ※ 새번역 · 쉬운성경 - 없음

예수 그리스도를 "하나님의 아들"로 고백하는 것은 그분께서 "하나님"이심을 고백하는 것이다(요 5:17,18; 20:31). 사도행전 8:37은 예수 그리스도의 신성을 증거하는 위대한 말씀이며, 오직 믿음으로 구원받는 진리를 명확하게 제시해 주는 말씀이고, 또한 예수 그리스도가 하나님의 아들이심을 믿는 사람에게 침례를 베풀어야 한다는 성경적인 원칙을 정확하게 기록한 말씀이다. 이런 진리를 증거하는 핵심적인 구절을 〈개역성경〉을 비롯한 변개된 성경들은 삭제해 버린 것이다.

4. 마가복음 1:2,3 : 선지서들 vs. 선지자 이사야

<한글킹제임스성경>	<개역/개정판>
2 선지서들에 기록된 바와 같이 "보라, 내가 네 면전에 나의 사자를 보내리니, 그가 네 앞서 네 길을 예비하리라. 3 광야에서 외치는 자의 음성이 있어 '너희는 주의 길을 예비하고 그의 길을 곧게 하라.'"고 하였더라.	2 선지자 이사야의 글에 보라 내가 내 사자를 네 앞에 보내노니 저가 네 길을 예비하리라 3 광야에서 외치는 자의 소리가 있어 가로되 너희는 주의 길을 예비하라 그의 첩경을 평탄케 하라 ※ 새번역 - 예언자 이사야 쉬운성경 - 이사야 예언자

마가복음 1:2,3은 말라기 3:1과 이사야 40:3을 인용한 것이다. 따라서 성경은 선지서"들"이라고 복수로 기록했다. 그런데 〈개역성경〉은 단지 이사야의 인용만 있는 것처럼 "선지자 이사야"라고 변개시켰다. 하지만 2절의 말씀은 이사야서 어디에도 없다. 성경은 오류가 없으나 〈개역성경〉에 따르면 있는 것처럼 되어 버린 것이다.

2절의 말씀은 말라기 3:1에 있으며, 이 말씀은 예수 그리스도께서 구약의 "주," 곧 여호와이심을 증거한다. 따라서 마가복음 1:2이 말라기 3:1을 인용했다는 것이 입증되면 신약의 예수 그리스도께서 구약의 여호와이심이 확증되는 것이다. 이런 이유로 인해 예수 그리스도의 신성을 부정하는 초기의 성경 변개자들은 이 부분을 변개시켜 버린 것이며, 〈개역성경〉과 NIV, NLT 등도 똑같이 변개되어 있다. 성경이 복수로 표현한 것을 단수로 바꾸어 버린 행위는 성경 변개자들이 성경 지식에 있어서 부족한 사람들이었는가를 보여 준다. 자격이 없는 사람들이 성경에 손을 댐으로써 변개된 성서들이 양산된 것이다.

5. 로마서 14:10-12 : 그리스도 vs. 하나님

<한글킹제임스성경>	<개역/개정판>
그런데 너는 어찌하여 네 형제를 판단하느냐? 어찌하여 네 형제를 업신여기느냐? 우리가 모두 <u>그리스도(Christ)의 심판석</u> 앞에 서리라. 이는 기록된 바 "주(Lord)가 말하노라. 내가(I) 살아 있으니 모든 무릎이 내게(me) 꿇을 것이요, 모든 혀가 하나님(God)께 자백하리라."고 하였음이라. 그러므로 우리 각 사람이 하나님(God)께 자신에 관해 설명하리라.	네가 어찌하여 네 형제를 판단하느뇨 어찌하여 네 형제를 업신여기느뇨 우리가 다 <u>하나님의 심판대</u> 앞에 서리라. 기록되었으되 주께서 가라사대 내가 살았노니 모든 무릎이 내게 꿇을 것이요, 모든 혀가 하나님께 자백하리라 하였느니라 ※ 새번역, 쉬운성경 - 하나님의 심판대

10절의 "그리스도의 심판석"은 천년왕국 전에 주 예수 그리스도께서 오직 그리스도인들(형제, 우리가 모두, 우리 각 사람)에게 그들의 행위에 따른 면류관과 유업을 주시는 심판을 말한다. 반면 "하나님의 심판석"은 요한계시록 20:11-15에 기록된 것처럼 "하나님 앞에서"(계 20:12) 죽은 자들이 받는 "백보좌 심판"을 말한다. 교리적으로 심판받는 대상도 다르며 시기도 1,000년의 간격이 있다. 10절의 "그리스도의 심판석"이라는 표현은 예수 그리스도께서 교회를 휴거시킨 후 행하시는 심판으로, 문맥을 보면 11절에서 "그리스도"를 "주"라고 말씀하고 있으며, 12절에서는 "그리스도"를 "하나님"으로 기록함으로써 그리스도의 신성을 증거하고 있다. 그런데 〈개역성경〉(NIV, NLT)처럼 하나님의 심판석으로 변개되면 이 진리가 제거되는 것이다.

III. 예수 그리스도의 신성을 증거하는 구절들 – "동정녀 탄생"과 "경배"

1. 이사야 7:14 : 처녀 vs. 젊은 여자

<한글킹제임스성경>	<개역/개정판>
그러므로 **주**께서 친히 한 표적을 너희에게 주시리라. 보라, 한 처녀가 임신하여 아들을 낳으리니 그의 이름을 임마누엘이라 하리라.	그러므로 주께서 친히 징조로 너희에게 주실 것이라 보라 1)처녀가 잉태하여 아들을 낳을 것이요 그 이름을 임마누엘이라 하리라 ※ 개역성경 난외주 - 1) 젊은 여자가 잉태하였으니 ※ 새번역 난외주 - '젊은 여인'이

동정녀 탄생은 예수 그리스도의 신성을 증거하는 핵심이다. 성경은 분명하게 처녀라고 말씀하는데(마 1:23 참고), 〈개역성경〉과 〈새번역〉은 이것을 난외주에서 히브리어는 "젊은 여자" 또는 "젊은 여인"이라고 주장함으로써 자유주의 사상을 반영하고 있다.

〈개역성경〉의 본문에 숫자로 표기된 난외주1)의 내용은 어떤 의미가 있는가? 그 뜻은 다음과 같다. "원문에 첨부한 숫자는 난외의 주와 같이 번역할 수도 있다 함임" 이 구절에서처럼 동정녀 탄생이 부정되면 예수 그리스도의 피의 속죄, 부활, 승천 등 믿음의 근간이 부정된다. 〈개역성경〉(NLT)을 비롯한 한글 성경들은 이러한 말씀들에 대해서 변개하고 있다.

2. 마태복음 1:25 : "첫"아들 vs. 아들

<한글킹제임스성경>	<개역/개정판>
그녀가 첫아들을 낳기까지 그녀를 알지 아니하였다가 낳으니 그의 이름을 예수라 하더라.	아들을 낳기까지 동침치 아니하더니 낳으매 이름을 예수라 하니라 ※ 새번역, 쉬운성경 - 아들

마리아가 "첫아들"을 낳았다는 것은 그녀에게 또 다른 자녀들이 있다는 뜻이다. 이 점은 예수님의 탄생이 동정녀 마리아를 통해서 성령님에 의해 이루어진 일이지만, 마리아가 예수님을 낳은 이후에 다른 형제들을 낳았다는 점을 보여준다. 그리고 마리아가 낳은 자녀들, 곧 예수님의 육신의 형제들에 대한 말씀은 성경 여러 곳에서 발견된다(막 3:31, 요 7:3,5, 행 1:14, 고전 9:5). 그런데도 로마카톨릭은 성경에도 없는 마리아 숭배를 위해서 마리아의 영원한 처녀성을 주장하려고 첫아들의 "첫"(firstborn)을 삭제한 것이다. 〈개역성경〉을 비롯한 한글 번역본들은 로마카톨릭의 비성경적이 교리를 그대로 반영하고 있는 카톨릭 성서들이다.

■ 새롭게 깨달았거나 적용할 내용이 있다면 적어 보세요. ■

IV. 예수 그리스도의 구속 사역 - 구원

1. 마태복음 18:11 : 인자가 온 이유

<한글킹제임스성경>	<개역/개정판>
인자가 온 것은 잃어버린 자를 구원하려는 것이라.	없음 ※ 새번역, 쉬운성경 - 없음

2. 마태복음 9:13 : 죄인들을 회개에 이르게 하려고

<한글킹제임스성경>	<개역/개정판>
너희는 가서 '나는 자비를 원하고 제사를 원치 아니하느니라.'는 말씀의 의미를 배우라. 나는 의인들을 부르러 온 것이 아니요, 죄인들을 회개에 이르게 하려고 왔노라."고 하시니라.	너희는 가서 내가 긍휼을 원하고 제사를 원치 아니하노라 하신 뜻이 무엇인지 배우라 내가 의인을 부르러 온 것이 아니요 죄인을 부르러 왔노라 하시니라 ※ 새번역, 쉬운성경 - 삭제

예수 그리스도께서 이 땅에 오신 목적은 잃어버린 자를 구원하려는 것이다. 이 중대한 구속 사역에 대해 〈개역성경〉을 비롯한 변개된 성경들은 마태복음 9:13에서 죄인을 "회개에 이르게 하려고" 오셨다는 말씀을 삭제했으며, 마태복음 18:11은 절 전체를 삭제했다. 이것은 주 예수 그리스도를 구세주로 받아들이기를 거부하고 다른 방법으로 죄의 문제를 해결할 수 있음을 주장하는 것과 같은 것이다. 또한 예수 그리스도의 신성을 부인하면 당연히 예수 그리스도를 통해서만 구원받을 수 있다는 진리도 거부되는 것이다. 성경은 논쟁의 여지없이 분명하게 기록되었지만 변개된 성경들은 거짓 교리를 가르칠 수 있는 틈을 만들어 놓고 있다.

3. 요한복음 1:29 : 제거하는 vs. 지고 가는

<한글킹제임스성경>	<개역/개정판>
그 다음날 요한이 예수께서 자기에게 오시는 것을 보고 말하기를 "보라, 세상 죄를 제거하는 하나님의 어린양이라.	이튿날 요한이 예수께서 자기에게 나아 오심을 보고 가로되 보라 세상 죄를 지고 가는 하나님의 어린 양이로다 ※ 새번역, 쉬운성경 - 지고가(시)는

율법에 따른 동물의 희생제사는 죄인들을 "온전케" 하거나 죄들을 "제거하는" 것이 불가능하다(히 10:1,4,11). 즉 죄악과 허물과 죄가 "용서되지만" 범법자가 "결코 깨끗게 되지는 않는" 것이다(출 34:7). 따라서 예수 그리스도께서 하나님의 어린양으로서 한 번 속죄제를 영원히 드리심으로써 거룩하게 된 자들을 "영원히 온전케" 하셨다(히 10:10,12,14).

예수님의 구속 사역은 죄들을 덮어주는 의미의 용서가 아니라 "영원히 제거하는" 의미의 용서이다. 그 이유는 하나님의 어린양이신 예수 그리스도께서는 하나님으로서 죄인들을 대신하신 것이기 때문이다. 즉 하나님의 피가 흘려진 것이기 때문에(행 20:28) 구약의 속죄제물과 피와는 근본적으로 다른 것이다. 바로 이것이 구약과 신약을 나누는 구분점이며, 예수 그리스도께서 세상 죄들을 "제거하는" 하나님의 어린양이신 이유이다. 따라서 단지 짊어진다는 것은 하나님께서 말씀하시는 것을 전혀 전달하지 못하며, 심각한 오역이자 변개이다. NIV, NLT는 이 구절에서 KJV를 따랐다.

4. 요한복음 6:47 : "나를" 믿는 사람 vs. 믿는 자

<한글킹제임스성경>	<개역/개정판>
진실로 진실로 내가 너희에게 말하노니, 나를 믿는 사람은 영생을 가졌나니	진실로 진실로 너희에게 이르노니 믿는 자는 영생을 가졌나니 ※ 새번역, 쉬운성경 - 믿는

구원은 믿는 대상이 분명해야 한다. "주 예수 그리스도를 믿어야"(Believe on the Lord Jesus Christ) 구원받는 것이다(행 16:31). 즉 "주 예수 그리스도께서" 피흘려 죽으시고 장사되었다가 부활하셔서 자신의 모든 죄를 제거하사 깨끗게 하심으로써 영원한 용서를 이루셨다는 사실을 마음으로 믿으면 구원받는다. 단지 예수 그리스도의 역사적 존재를 믿어서(NLT - believes in me) 구원받는 것이 아니다. 더군다나 무엇을 믿어야 할지 정확히 모르는 상태에서 단순히 교회에 다니거나 믿는다고 말하는 것으로 구원받는 것은 아니다. 마귀들도 하나님과 예수 그리스도의 존재를 믿고 떨지만 구원받지 못한다. 구원은 예수 그리스도께서 자신과의 관계에서 어떤 분이시며, 무슨 일을 완성해 놓으셨는가를 정확히 알고 그분을 마음으로 믿을 때 받는 것이다. 따라서 단순히 "믿는 자"라는 것은 요한복음 6:47에서 말씀하는 영생을 얻는 요건에 부합할 수 없다.

5. 골로새서 1:14 : "그의 보혈을 통하여"

<한글킹제임스성경>	<개역/개정판>
그 안에서 우리가 그의 보혈을 통하여 구속, 곧 죄들의 용서함을 받았느니라.	그 아들 안에서 우리가 구속 곧 죄 사함을 얻었도다 ※ 새번역 - 삭제

죄의 용서의 핵심은 예수 그리스도의 "피"의 속죄이다. 성경은 예수 그리스도의 보혈이 사람의 피가 아니라 하나님의 피라고 말씀한다(행 20:28). 또한 율법에서도 피흘림이 없이는 죄사함이 없다고 말씀한다(히 9:22). 에베소서 1:7에서도 이렇게 말씀한다. "그 사랑하시는 이 안에서 우리가 그의 은혜의 풍성함을 따라 그의 보혈을 통하여 구속, 곧 죄들의 용서함을 받았느니라."

예수 그리스도의 신성을 부인한 사람들은 그분의 보혈의 능력을 격하하고, 그분의 보혈이 죄를 용서하는 유일한 방법임을 거부한다. 따라서 "그의 보혈을 통하여"가 삭제되면 다양한 종교적 행위들에 의한 죄의 용서와 대안들을 제시할 수 있게 되는 것이다. 따라서 변개된 성경들은 오직 주 예수 그리스도의 보혈을 믿는 믿음 이외에 다른 구원의 길이 있다고 제시할 수 있다.

V. 예수 그리스도의 부활과 승천

1. 욥기 19:26 : 내 몸을 입고 vs. 내가 육체 밖에서

<한글킹제임스성경>	<개역/개정판>
내 피부에 벌레들이 이 몸을 멸하여도 내가 내 몸을 입고 하나님을 보리라.	나의 이 가죽, 이것이 썩은 후에 내가 육체 밖에서 하나님을 보리라 ※ 새번역, 쉬운성경 - 삭제

욥기 19:26에서 욥은 자신의 몸이 부패한다 해도 자신의 몸을 입고 하나님을 볼 것이라고 말한다. 이것은 몸의 부활을 언급하는 것이다. 전후 문맥을 보면 단순하게 죽은 후에 하나님 앞에 간다는 것이 아님을 알 수 있다(25-27절). 이렇게 몸의 실제적인 부활을 증거하는 말씀을 〈개역성경〉은 욥이 "육체 밖에서" 하나님을 본다는 것으로 바꿈으로써 몸의 부활을 제거했다.

2. 사도행전 1:3 : 무오한 증거 vs. 확실한 증거

<한글킹제임스성경>	<개역/개정판>
예수께서 고난을 당하신 후 자신이 살아 계심을 그들에게 많은 무오한 증거들로 보여 주시고 사십 일 동안 그들에게 보이시며 하나님의 나라에 관한 일들을 말씀하셨노라.	해 받으신 후에 또한 저희에게 확실한 많은 증거로 친히 사심을 나타내사 사십 일 동안 저희에게 보이시며 하나님 나라의 일을 말씀하시니라 ※ 새번역 - 여러 가지 증거, 쉬운성경 - 여러 가지 방법

어떤 것이 거짓말이나 망상이라 해도 누군가는 그것을 "확신"(convicted)할

수 있다. 또 "많은 증거들"이 있어도 여전히 거짓일 수 있다. 예를 들면 진화론자들은 그들 나름대로 많은 증거들을 제시하고 있지만 모두 다 거짓된 것들일 뿐이다. 또한 많은 변호사들이 해 왔던 것처럼, "의심할 여지 없이" 증명되고서도 여전히 실수할 수 있다. 어떤 것이 "제시되어"(demonstrated) 그것을 "확신"(sure)할 수 있다 해도 여전히 그것은 틀릴 수가 있다.

그러나 성경이 우리 주 예수 그리스도의 부활을 말씀하실 때, 500명에게 부활하신 몸을 보여 주시고, 40일 동안 이 땅에 계시면서 제자들과 함께 지내며 식사를 같이 하시고, 성경 말씀을 강론해 주신 예수 그리스도의 부활을 말씀할 때 "무오한"(infallible - 테크메리온 tekmerion) 증거라는 단어를 쓰고 있는 것이다. 무오한 성경이 제시하는 부활의 증거는 확실한 증거가 아니라 무오한 증거이다.

3. 마가복음 16:9-20 : 부활 후의 사역

〈한글킹제임스성경 / KJV〉은 마가복음의 마지막 12구절을 하나님의 말씀으로 기록하고 있다. 반면 〈개역성경〉은 이 12구절을 [ ]로 묶고 〈새번역〉은 [[ ]]로 묶어 "권위를 인정받는 대다수의 고대 사본들은, 8절에서 마가복음서가 끝남..."이라고 하여 원본에는 없는 말씀이라고 주장한다. 〈쉬운성경〉 역시 "어떤 사본에는 이 부분에 해당되는 구절이 기록되어 있지 않다."라고 주장한다. NIV, NLT의 난외 주 및 본문의 설명에서 "대부분의 신뢰할 수 있는 초기 필사본들과 다른 고대 증거들은 마가복음 16:9-20을 기록하고 있지 않다."고 한다. 이렇듯 변개된 성경들은 그리스도인들이 전혀 신뢰할 수 없는 고대 사본들을 운운함으로써 주님의 부활을 보여 주는 성경적 증거를 부인하고 있는 것이다.

■ 새롭게 깨달았거나 적용할 내용이 있다면 적어 보세요. ■

VI. 예수 그리스도의 재림

1. 요한복음 18:36 : 지금은 vs. 이제는

<한글킹제임스성경>	<개역/개정판>
예수께서 대답하시기를 "나의 왕국은 이 세상에 속한 것이 아니니라. 만일 나의 왕국이 이 세상에 속한 것이라면 내 부하들이 싸워서 나를 유대인들에게 넘어가지 않게 하였을 것이라. 그러나 지금은 나의 왕국이 여기에 속한 것이 아니니라."고 하시더라.	예수께서 대답하시되 내 나라는 이 세상에 속한 것이 아니라 만일 내 나라가 이 세상에 속한 것이었더면 내 종들이 싸워 나로 유대인들에게 넘기우지 않게 하였으리라 이제 내 나라는 여기에 속한 것이 아니니라 ※ 새번역 - 삭제, 쉬운성경 - 이제

예수님께서 재판받으실 때, 나의 왕국은 이 세상에 속한 것이 아니라고 말씀하셨는데, 바로 이어서 다음과 같은 말씀을 하셨다. "그러나 지금은 나의 왕국이 여기에 속한 것이 아니니라." 이 말씀은 "앞으로" 주님의 왕국이 여기 이 세상에 임하게 된다는 말씀이다. 그런데 "지금"이 "이제"로 바뀌면 앞으로 계속해서 여기에 속하지 않는다는 뜻이다. 이것은 무천년주의, 후천년주의라는 거짓 교리를 뒷받침하는 변개이다.

2. 요한계시록 11:17 : "앞으로 오실" 주 예수 그리스도

<한글킹제임스성경>	<개역/개정판>
말씀드리기를 "지금도 계시고, 전에도 계셨고, 앞으로 오실, 오 전능하신 주 하나님, 우리가 주께 감사드리는 것은 주께서 주의 크신 권세를 가지고 통치하셨기 때문이니이다.	가로되 감사하옵나니 옛적에도 계셨고 시방도 계신 주 하나님 곧 전능하신이여 친히 큰 권능을 잡으시고 왕노릇하시도다 ※ 새번역, 쉬운성경 - 삭제

우리 주 예수 그리스도에 대한 설명 중에서 지금도 계시고, 전에도 계셨고,

"앞으로 오실"이라는 말씀에서 "앞으로 오실"이라는 표현은 주님께서 미래에 실제적으로 재림하실 것을 의미한다. 그런데 〈개역성경〉을 비롯한 변개된 성경들은 "앞으로 오실"이라는 말씀을 삭제함으로써 재림을 제거해 버렸다. 그리스도인의 복된 소망을 제거하는 것은 하나님의 바른 성경일 수 없다.

3. 디도서 2:13　영광스러운 나타나심 vs. 영광

<한글킹제임스성경>	<개역/개정판>
그 복된 소망, 곧 위대한 하나님이신 우리 구주 예수 그리스도의 영광스러운 나타나심을 기다리게 하셨으니,	복스러운 소망과 우리의 크신 하나님 구주 예수 그리스도의 영광이 나타나심을 기다리게 하셨으니 ※ 새번역 - 영광이 나타나기를 쉬운성경 - 영광 가운데 나타나실 것입니다

디도서 2:13은 우리의 복된 소망이 위대하신 하나님이신 우리 구주 예수 그리스도의 "영광스러운 나타나심," 즉 주님의 재림을 기다리는 것이라고 말씀한다. 그런데 〈개역성경〉을 비롯한 변개된 번역본들은 예수 그리스도의 다시 오심을 기다리는 것이 아니라 단순히 그분의 "영광"을 기다리는 것으로 바꿈으로써 성경에서 문자적이고 실제적인 재림을 제거하고 어떤 영적인 것을 기다리는 것처럼 만들어 버렸다. 이것은 성도들로 하여금 예수 그리스도 없이 지상 왕국을 건설하게 하려는 무천년주의와 후천년주의의 거짓 교리를 따르게 하려는 의도가 담겨 있다. 예수님의 지상 재림으로 수립될 천년왕국을 거부하게 만드는 일의 배후에는 주님의 보좌와 통치를 탐내는 마귀가 있음을 알아야 한다(사 14:12-14).

■ 새롭게 깨달았거나 적용할 내용이 있다면 적어 보세요. ■

VII. 지옥을 증거하는 구절들

1. 개역성경과 NIV의 삭제와 대체

• 성경은 총 54회 지옥이라는 단어를 기록하고 있는데, 〈개역성경〉은 이 가운데 41회 지옥이라는 단어를 삭제했고, 대신에 음부나 스올이라고 변개시켰다. 다음의 41구절을 확인해 보기 바란다(신 32:22, 욥 26:6, 잠 15:11; 23:14, 27:20, 시 139:8, 마 11:23, 눅 10:15, 마 16:18, 계 1:18; 6:8; 20:13; 20:14, 삼하 22:6, 욥 11:8, 시 9:17; 16:10; 18:5; 55:15; 86:13; 116:3, 잠 5:5; 7:27; 9:18; 15:24, 사 5:14; 14:9,15; 28:15,18; 57:9, 겔 31:16,17; 32:21,27, 암 9:2, 욘 2:2, 합 2:5, 행 2:27,31, 눅 16:23).

• NIV는 40회 지옥(hell)이라는 단어 삭제 : 5회는 '죽음'(death)으로 변개(신 32:22, 욥 26:6, 잠 15:11; 23:14, 27:20), 3회는 깊음(depths)으로 변개(시 139:8, 마 11:23, 눅 10:15), 5회는 번역을 거부하고 음역(마 16:18, 계 1:18; 6:8; 20:13; 20:14)했다.

여호와의 증인들의 성서인 〈신세계역본〉이 히브리어 "스올"을 번역하지 않고 그대로 둔 것처럼, NASB와 함께 "하데스"를 번역하지 않고 그대로 두었는데, 이와 같이 "하데스"를 번역하지 않고 독자들이 직접 단어의 의미를 선택하도록 한 것은 독자들이 지옥을 부정하도록 의도한 것이며, 뉴에이지 사상에 동조한 것이다.

또한 지옥이라는 단어 중 27회는 무덤(grave)으로 변개했다(삼하 22:6, 욥 11:8, 시 9:17; 16:10; 18:5; 55:15; 86:13; 116:3, 잠 5:5; 7:27; 9:18; 15:24, 사 5:14; 14:9,15; 28:15,18; 57:9, 겔 31:16,17; 32:21,27, 암 9:2, 욘 2:2, 합 2:5, 행 2:27,31).

1) 마태복음 16:18 : 지옥 vs. 음부

<한글킹제임스성경>	<개역/개정판>
나도 너에게 말하노니, 너는 베드로라. 그리고 이 반석 위에 내가 나의 교회를 세우리니, 지옥의 문들이 그것을 이기지 못하리라.	또 내가 네게 이르노니 너는 베드로라 내가 이 반석 위에 내 교회를 세우리니 음부의 권세가 이기지 못하리라 ※새번역 - 죽음

2) 요나 2:2 : 지옥 vs. 스올

<한글킹제임스성경>	<개역/개정판>
말하기를 "내가 나의 고통으로 인하여 **주**께 부르짖었더니 주께서 나를 들으셨나이다. 내가 지옥의 뱃속으로부터 부르짖었더니 주께서 내 음성을 들으셨나이다.	가로되 내가 고난을 인하여 여호와께 불러 아뢰었삽더니 주께서 내게 대답하셨고 내가 스올의 뱃속에서 부르짖었삽더니 주께서 나의 음성을 들으셨나이다. ※ 새번역 - 스올, 쉬운성경 - 내가 죽게 되었을 때에

3) 마가복음 9:44,46 : 불이 꺼지지 않는 지옥

<한글킹제임스성경>	<개역/개정판>
44 그곳에는 그들의 벌레도 죽지 않고, 불도 꺼지지 아니하느니라. 46 그곳에는 그들의 벌레도 죽지 않고, 불도 꺼지지 아니하느니라	없음 ※ 새번역, 쉬운성경 - 없음

예수님께서 친히 지옥을 반복적으로 말씀하셔서 경고하신 구절인데, 〈개역성경〉을 비롯한 번역본들이 지옥의 실재성과 심판을 부정하고 제거했다.

■ 새롭게 깨달았거나 적용할 내용이 있다면 적어 보세요. ■

VIII. 사탄의 정체를 밝히는 구절들

1. 이사야 14:12 : 루시퍼 vs. 계명성(새벽별)

<한글킹제임스성경>	<개역/개정판>
오 아침의 아들 루시퍼야, 네가 어찌 하늘에서 떨어졌느냐! 민족들을 연약하게 하였던 네가 어찌 땅으로 끊어져 내렸느냐!	너 아침의 아들 계명성이여 어찌 그리 하늘에서 떨어졌으며 너 열국을 엎은 자여 어찌 그리 땅에 찍혔는고 ※ 새번역, 쉬운성경 - 새벽별

이사야 14:12-15은 사탄의 타락을 말씀하고 있다. 특히 13,14절은 사탄이 하나님께 반역하여 대적한 일에 대해 정확히 기록해 주고 있다(겔 28:11-19 참조).

사탄을 일컬어 성경은 루시퍼라고 부르고 있다. 루시퍼는 히브리어로는 "헬렐"(helel)인데, "빛을 비추는 자," 혹은 "빛을 전달하는 자"라는 뜻이다. (루시퍼는 헬렐의 라틴어 표현이다). 그 이름의 뜻에서 보듯이 12절의 루시퍼라는 말은 "빛의 천사로 가장하는" 사탄(고후 11:4)의 정체를 정확하게 밝혀 주고 있다.

히브리어 헬렐에는 계명성(啓明星), 즉 새벽별(morning star)이라는 뜻이 전혀 없다. 구약에서 별이라는 단어는 "코캅"(kokab)으로 36회 기록되는데, 이사야 14:12에서는 쓰이지 않는다. 그 어떤 히브리어 필사본도 "코캅"이라고 기록하고 있지 않다. 〈개역성경〉이나 NIV 등 변개된 성경들의 번역은 원문의 근거가 전혀 없다. 그러면서도 사탄의 정체를 밝히는 중대한 성경 말씀을 제거한 것이다.

또한 새벽별은 우리 주 예수 그리스도를 지칭하는 한 이름이다(계 22:16 - 『**나 예수는 교회들에 관한 이런 일을 너희에게 증거하기 위하여 나의 천사를 보내었노라. 나는 다윗의 뿌리요 자손이며, 또 빛나는 새벽별이라." 하시니라.**』). 그런데 〈개역성경〉과 같이 변개된 성경들은 이사야 14:12에서 사탄의 정체를 밝히는 그의 이름을 제거하고 예수 그리스도의 이름으로 대체함으로써 주 예수 그리스도께서 아버지 하나님께 대적하고, 그 대가로 지옥에 떨어진다고 기록하는 심각한 오류를 범하고 있으며, 이것은 성경 전체를 왜곡한 것과 같다.

2. 욥기 41:1 : 리비야단 - 뱀 - 용 - 마귀 - 사탄

<한글킹제임스성경>	<개역/개정판>
네가 갈고리로 리비야단을 끌어낼 수 있겠느냐? 또한 끈으로 그의 혀를 맬 수 있겠느냐?	네가 능히 낚시로 악어를 낚을 수 있겠느냐 노끈으로 그 혀를 맬 수 있겠느냐 ※ 새번역의 난외주 - '악어', 쉬운성경 - 악어

욥기 41장 전체는 사탄의 정체를 밝혀 주고 있으며(33,34,19,20,26-29,31,32절), 리비야단은 사탄을 지칭하는 이름이다. 리비야단의 거처는 이 땅의 바나가 아니라 둘째 하늘과 셋째 하늘 사이에 있는 "깊음"이며(31,32절, 시 104:26 - 『**거기에 배들이 다니며 리비야단이 있으니 주께서 거기서 노니게 하신 것이니이다.**』), 한 개 이상의 머리들이 있다(시 74:14 - 『**주께서는 리비야단의 머리들을 산산조각내셔서 광야에 거하는 백성들에게 식물로 주셨나이다.**』, 계 12:3). 성경은 또한 리비야단을 용이며, 뱀으로 불리는 사탄이라고 말씀하셨다(사 27:1 - 『**그 날에 주께서 그의 격심하고 크고 강한 칼로 날쌘 뱀 리비야단을 벌하시리니, 즉 꼬부라진 뱀 리비야단이라. 또 주께서는 바다에 있는 그 용을 살해하시리라.**』, 계 12:10).

그런데 〈개역성경〉을 비롯한 변개된 성서의 번역자들은 사탄을 한낱 "악어"로 전락시킴으로써, 사탄을 인간이 능히 대적하여 이길 수 있는 존재처럼 보이게 했다. 사탄은 다니엘보다 더 현명하여 인간이 그에게서 숨길 수 있는 비밀이 없는(겔 28:3) 인류의 대적이며, 지난 6천년 동안 인류를 다뤄 오며 파멸시킨 장본인이다. 리비야단을 악어로 변개시킨 자들은 바로 그 사탄에게 속고 있는 것이다.

3. 스가랴 11:17 : "우상 목자" 적그리스도

<한글킹제임스성경>	<개역/개정판>
양떼를 버려 둔 우상 목자에게 화 있으리라! 칼이 그의 팔과 그의 오른눈에 임하리니, 그의 팔은 바싹 마르고 그의 오른눈은 완전히 어둡게 되리라.	화 있을진저 양 떼를 버린 못된 목자여 칼이 그 팔에, 우편 눈에 임하리니 그 팔이 아주 마르고 그 우편 눈이 아주 어두우리라 ※ 새번역 - 쓸모없는 목자, 쉬운성경 - 못된 목자

스가랴 11:17의 의미는 요한계시록 12:11-15 말씀이 설명해 주고 있다. 적그리스도는 형상을 사용하는 우상 숭배자이다. 그래서 예수 그리스도를 흉내낼 때 (가짜 구세주나 선지자로) 그는 스가랴 11:17에서 말씀하는 "우상(idol) 목자"로 불리는 것이다. 대환란 때에 짐승의 형상을 만들고 그 짐승에게 경배하게 하며, 경배하지 않는 자는 다 죽이도록 한다. 적그리스도는 사탄의 화신으로 사탄의 능력을 받아 미혹의 역사를 이루는 것이다. 그런데 사탄의 역사를 밝히는 주요한 구절에서 〈개역성경〉을 비롯한 변개된 성경들은 우상 목자를 단순히 못된 목자 또는 쓸모없는 목자라고 변개시킴으로써 사탄의 정체를 가리고 있는 것이다.

4. "귀신"은 없고 "마귀"는 있다

구약성경에는 "마귀들"(devils)이라는 복수 표현이 총 4회 나온다(레 17:7, 신 32:17, 대하 11:15, 시 106:37). 그런데 〈개역성경〉은 한 곳(신 32:17)에서만 복수를 단수로 오역했고, 나머지 세 곳에서는 "마귀들"이라는 말씀을 삭제하고 대신에 "수염소"(레 17:7), "수염소 우상"(대하 11:15), "사신(邪神)"(시 106:7)이라고 변개시켰다.

신구약 전체에 "마귀"(devil)라는 단어가 총 82회 기록되어 있는데, 사탄을 지칭하는 단수 표현인 "마귀"는 35회이고 나머지는 "마귀들"의 역사를 나타내는 것이다. 〈개역성경〉은 '마귀'라는 말을 제거하고 성경에 없는 "귀신"의 존재를 있는 것처럼 쓰고 있다. "귀신"의 사전적 정의는 "사람이 죽은 뒤에 남는다는 넋"이다. 이것은 샤머니즘에 따른 개념일 뿐 실존하는 것이 아니다. 성경적으로 죽은 사람은 하늘 아니면 지옥에 가는 것 외에 어떤 곳을 떠돌거나, 다른 사람에게 들어가거나 괴롭히거나 도움을 주는 사후의 존재가 되는 것이 결코 아니다. 그런데도 〈개역성경〉을 비롯한 변개된 성경들은 "마귀"를 "귀신"으로 왜곡함으로써 "마귀 사탄"의 실체와 그 활동 세력들이 "마귀들"임을 알 수 없게 만들었다.

IX. 영, 혼, 몸의 진리를 밝히는 구절들

1. 창세기 2:7 : 살아 있는 혼 vs. 생령

<한글킹제임스성경>	<개역/개정판>
주 하나님께서 땅의 흙으로 사람을 지으시고 그의 콧구멍에다 생명의 호흡을 불어넣으시니, 사람이 살아 있는 혼이 되었더라.	여호와 하나님이 흙으로 사람을 지으시고 생기를 그 코에 불어넣으시니 사람이 생령이 된지라 ※ 새번역, 쉬운성경 - 생명체

인간의 창조를 말씀하는 창세기 2:7에서 하나님께서는 인간을 "살아 있는 혼"이라고 부르신다. 인간은 "영"과 "혼"과 "몸"의 세 부분으로 구성된 존재(Trichotomy)이다(살전 5:23, 히 4:12). "땅의 흙"은 인간의 "몸"이며(창 3:19, 전 3:20; 12:7), "생명의 호흡"은 인간의 "영"이고(겔 37:1-14, 요 3:6-8), "살아 있는 혼"은 말 그대로 인간의 "혼"이다(창 2:7). 성경은 인간의 영, 혼, 몸을 철저하게 구분하여 기록하고 있다.

한국어	영어	히브리어	헬라어
영	spirit	루아흐(ruach)	프뉴마(pneuma)
혼	soul	네페쉬(nephesh)	프쉬케(psuche)
몸	body	바살(basar)	소마(soma)

모든 히브리어 원문의 창세기 2:7은 '영'(루아흐)이 아니라 '혼'(네페쉬)이다. 〈개역성경〉은 전혀 원문의 근거가 없이 "생령"으로 변개했다. 사람이 "하나님의 형상대로 창조되었다는 것"(창 1:26,27)이 의미하는 바는 "하나님께 영, 혼, 몸의 구분이 있으신 것처럼 사람이 영, 혼, 몸의 세 부분으로 창조되었다는 것"이다. 인간이 하나님처럼 삼위일체적 존재로 지음받았음을 〈개역성경〉은 가리고 있는 것이다.

2. 고린도전서 15:45 : 살아 있는 혼과 살려 주는 영

<한글킹제임스성경>	<개역/개정판>
따라서 이와 같이 기록되었으니 "첫 사람 아담은 <u>살아 있는 혼</u>이 되었느니라." 함과 같이 마지막 아담은 살려 주는 영이 되었느니라.	기록된 바 첫 사람 아담은 <u>산 영</u>이 되었다 함과 같이 마지막 아담은 살려 주는 영이 되었나니 ※ 새번역- 산 영, 쉬운성경 - 살아있는 존재

마지막 아담이신 주 예수 그리스도께서 대속적 죽음을 당하시고 부활하셔서 성령을 통해 영원한 생명을 주시는 살려 주는 영이 되신 이유는 사람이(사람의 영이) 허물과 죄들도 죽어 있기 때문이다(엡 2:1-3). 〈개역성경〉의 변개된 번역처럼 첫 사람 아담이 <u>산 영</u>이 되었다면 마지막 아담이 <u>살려 주는 영</u>이 되어야 할 이유가 없는 것이다. 이 구절의 헬라어 성경은 "혼"(프쉬케)이라고 되어 있지만 어떤 원문이나 성경적 근거 없이 〈개역성경〉은 인간의 편견에 따라 "혼"을 "영"으로 왜곡했다.

3. 창세기 1:2 : 하나님의 영 vs. 하나님의 신

<한글킹제임스성경>	<개역/개정판>
땅은 형체가 없고 공허하며 어두움이 깊음의 표면에 있으며 <u>하나님의 영</u>은 물들의 표면에서 거니시더라.	땅이 혼돈하고 공허하며 흑암이 깊음 위에 있고 <u>하나님의 신</u>은 수면에 운행하시니라 ※ 개역개정판, 새번역의 난외주 - '하나님의 바람'

하나님의 영은 성령님이시다. 이 구절은 성령 하나님께서 세상의 창조를 아버지 하나님과 아들 하나님과 함께 이루셨음을 알려 주는 말씀이다. 또한 성령님께서는 우리 주 예수 그리스도의 승천 이후에 위로자로서 믿는 자들 안에 내주하시는데, 진리의 영이신 성령님께서는 그리스도의 영으로 불리기도 하신다(롬 8:9).

그런데 〈개역성경〉은 창세기 1:2에서 하나님의 영(the Spirit of God)을 하나님의 신(神)이라고 오역했다. 만일 〈개역성경〉이 옳다면 성령님께서는 진리의 신이나 그리스도의 신으로 불려야 하는가? 인간이 영, 혼, 몸의 삼위일체의 구조로 지음받았다는 진리를 깨닫지 못하면 결코 바른 신학과 교리를 정립할 수 없다.

〈새번역〉은 〈한글킹제임스성경〉을 따라서 하나님의 영으로 수정되었으나, 난외주에는 '하나님의 바람'이라고 또 다른 변개를 제시함으로써 성경 독자들을 혼란스럽게 하고 있다. 이런 혼란을 조장하는 것이 바로 마귀이다.

X. 다양한 증거 구절들

1. 창세기 10:21 : 야벳은 형, 셈은 동생

<한글킹제임스성경>	<개역/개정판>
셈은 모든 에벨 자손의 조상이요, 형 야벳의 동생이라. 그에게서도 자녀가 출생하였으니	셈은 에벨 온 자손의 조상이요 야벳의 형이라 그에게도 자녀가 출생하였으니 ※ 새번역, 쉬운성경 - 야벳의 형

성경에서 노아의 세 아들이 함께 등장할 때는 늘 "셈, 함, 야벳"의 순서로 언급된다(창 5:32; 6:10; 10:1). 그러나 이것이 나이 순서라는 생각은 인간의 육신적 기준일 뿐이다. 셈의 후대는 아브라함으로 이어지며(창 11:10-32) 이 계보는 다윗왕과 예수 그리스도까지 계속된다(마1:1-17). 따라서 셈의 육신적 출생 순서와는 관계 없이 하나님께서 관심을 두시는 셈이 제일 먼저 언급되는 것이다. 이

것은 아브라함과 나홀과 하란의 경우에도 아브라함은 셋째이지만 제일 먼저 언급되는 것과 같다.

야펫이 형이라는 사실은 히브리어 성경에서 분명히 기록하고 있다. 히브리어에서 형(the elder)은 "가돌"(gadol)인데, 이 구절에서 바로 이 단어가 쓰였다. 함은 창세기 9:24에서 "작은 아들"(younger son)로 기록된다. 따라서 바른 순서는 야펫, 함, 셈이다(창 10:2,6,21)

성경은 인간의 기준이 아니라 하나님의 기준으로 기록된 것이다. 그런데 〈개역성경〉을 비롯한 변개된 성경들은 인간의 편견으로 성경 말씀을 왜곡하여 큰 오류를 범하고 있다.

2. 마태복음 1:6 : 우리야의 아내"였던" 여인

<한글킹제임스성경>	<개역/개정판>
이새는 다윗왕을 낳으니라. 다윗왕은 우리야의 아내였던 여인에게서 솔로몬을 낳고,	이새는 다윗 왕을 낳으니라 다윗은 우리야의 아내에게서 솔로몬을 낳고 ※ 쉬운성경 - 우리야의 아내

마태복음 1:6의 "우리야의 아내였던 여인에게서"라는 표현은 솔로몬을 낳을 당시에는 밧세바가 이미 우리야의 아내가 아닌 다윗의 아내였다는 사실을 확증해 준다. 하나님께서는 밧세바가 우리야의 아내였을 때 다윗과 간음해서 낳은 아들은 죽게 하셨다. 그리고 밧세바는 다윗의 정식 아내였을 때 솔로몬을 낳았다(삼하 12:22,23).

하나님께서는 메시아의 혈통에 순수하지 못한 우리야의 씨가 섞이지 않았다는 것을 설명하시기 위해서 그 간음으로 낳은 아들이 죽었다는 기사를 역사서에서 상세하게 다루고 계시면서도, 마태복음에서 계보를 기록하심에 있어 다시 한번 강조해서 기록하심으로써 "여자의 씨"(창 3:15)에 대한 의문을 완전히 불식시키셨다. 단지 솔로몬이 간음으로 낳은 자식인지 아닌지가 중요한 것이 아니라,

그 씨의 순수성이 중요한 문제인 것이다.

그러나 〈개역성경〉을 비롯한 변개된 성경들에 따르면 솔로몬은 다윗이 "우리야의 아내에게서" 간음을 통해 낳은 아들이 되며, 따라서 그 씨의 순수성이 훼손된 것처럼 비춰지게 한다. 이 구절은 성경에서 시제가 얼마나 중요한가를 단적으로 보여 주는 아주 좋은 예인 것이다.

3. 디모데전서 6:20 : 과학의 반론을 받아들여야 하는가?

<한글킹제임스성경>	<개역/개정판>
오 디모데야, 네게 맡겨진 것을 지키고, 비속하고 허황된 말장난과 거짓되이 일컬어지는 과학의 반론을 피하라.	디모데야 네게 부탁한 것을 지키고 거짓되이 일컫는 지식의 망령되고 허한 말과 변론을 피하라 ※ 새번역, 쉬운성경 - 지식

하나님을 대적하고 진리를 거스리는 대표적인 것이 과학과 철학인데, 성경은 이 과학에 대한 분명한 입장과 경고를 기록하고 있다. 그러나 〈개역성경〉은 과학의 실상을 가리고 있으며, 많은 변개자들은 과학의 반론에 따라 성경을 고치고 있다.

4. 히브리서 3:16 : 모든 사람이 아니었다 vs. 모든 사람이었다

<한글킹제임스성경>	<개역/개정판>
이는 어떤 자들이 말씀을 들을 때에 격노케 하였음이라. 그러나 모세에 의하여 이집트에서 나온 모든 사람이 그리한 것은 아니었느니라.	듣고 격노케 하던 자가 누구뇨 모세를 좇아 애굽에서 나온 모든 이가 아니냐 ※ 새번역 - 모두가 아니었습니까?, 쉬운성경 - 사람들이 아니었습니까?

모세에 의하여 이집트에서 나온 사람들 중에서 20세 이하의 사람들(민 14:29)

과 여호수아와 갈렙은 하나님을 격노케 하지 않았다. 그러나 〈개역성경〉(새번역, 개역개정판, 쉬운성경, NIV, NLT)은 모든 사람들이 격노케 했다고 오역함으로써 성경을 모순되게 만들었다.

5. 로마서 8:1 : 육신을 따르지 않고 성령을 따라 행하는 사람

<한글킹제임스성경>	<개역/개정판>
그러므로 이제 그리스도 예수 안에 있는 자들에게는 결코 정죄함이 없나니, 그들은 육신을 따라 행하지 아니하고 성령을 따라 행하느니라.	그러므로 이제 그리스도 예수 안에 있는 자에게는 결코 정죄함이 없나니 ※ 새번역, 쉬운성경 - 삭제

구원받은 그리스도인들도 육신을 따라 살면 일시적인 정죄를 받게 된다(롬 8:1,13). 성령을 따라 행하는 것이 육신을 이기는 길이며, 정죄받지 않는 길이다. 여기서 정죄란 지옥에 간다는 의미가 아니라 구원받은 그리스도인이 육신을 따라 살 때에 받게 되는 징계인 것이다. 이러한 진리를 알려 주는 말씀을 삭제한 것이다.

6. 고린도전서 6:20 : 하나님의 것 vs. 나의 것

<한글킹제임스성경>	<개역/개정판>
너희는 값을 치르고 산 것이니 그러므로 하나님의 것인 너희 몸과 너희 영으로 하나님께 영광을 돌리라.	값으로 산 것이 되었으니 그런즉 너희 몸으로 하나님께 영광을 돌리라 ※ 새번역, 쉬운성경 - 삭제

그리스도인의 모든 것은 하나님의 것이다. 그리스도의 몸과 영 역시 하나님께서 값을 치르고 사신 것이기에 이것을 고백하고 적용하는 것은 영적인 삶에 매우 중요하다. 그러나 〈개역성경〉은 '하나님의 것인'이라는 말씀을 삭제하여 그

리스도인의 헌신을 방해하고 있다.

7. 시편 12:6,7 : 성경 말씀의 보존 vs. 이스라엘의 보호

<한글킹제임스성경>	<개역/개정판>
6 **주**의 말씀들은 순수한 말씀들이라. 흙 도가니에서 단련되어 일곱 번 정화된 은 같도다. 7 오 **주**여, 주께서 이 말씀들을 간수하시리니 주께서 이 세대로부터 영원토록 그것들을 보존하시리이다.	6 여호와의 말씀은 순결함이여 흙 도가니에 일곱 번 단련한 은 같도다 7 여호와여 저희를 지키사 이 세대로부터 영영토록 보존하시리이다 ※ 새번역 - 우리, 쉬운성경 - 저희

대명사 them(말씀들)을 us(저희)로 바꿈으로써 하나님의 말씀인 성경을 보존하신다는 약속을 없애 버렸다. 결국 원본만 권위 있고 필사본이나 번역본의 권위 부정하는 불신앙을 팽배하게 했다.

■ 새롭게 깨달았거나 적용할 내용이 있다면 적어 보세요. ■

NOTES

제5과
성경 도둑, 가짜 목사 정동수

『이와 같이 좋은 나무마다 좋은 열매를 맺고, 나쁜 나무는 나쁜 열매를 맺느니라. 좋은 나무가 나쁜 열매를 맺을 수 없으며, 나쁜 나무가 좋은 열매를 맺을 수 없느니라』(마 7:17,8).

"킹제임스 흠정역"은 번역물인가?

1994년 〈한글킹제임스성경〉이 출간된 이후 6년 후인 2000년 "**킹제임스 흠정역**"이라는 책이 출간되었다. 〈한글킹제임스성경〉 출간 이전에 "성경 번역"에 관한 아무런 이력이나 행보가 없었던 "킹제임스 흠정역" 번역자가 〈한글킹제임스성경〉 출간 후 6년 만에 영어 〈킹제임스성경〉을 번역하여 책으로 내놓았다는 것이다.

상식적으로 번역, 탈고, 교열, 편집, 인쇄, 제본 등의 과정을 고려하면 적어도 3년 이내에는 번역 초고를 완료했어야 한다. 번역을 해 본 사람이라면 고개를 갸우뚱할 것이다. 그것이 가능하단 말인가? 소설도 아닌 성경을? **성경에서 한 단어를 번역하려면, 성경 전체에서 그 단어가 어느 부분에서 어떤 용례로 사용되었는지에 대한 총체적인 지식이 필요하다**. 번역은 영감을 받아 기록하는 것이 아니고, 영감받은 각 단어에 대한 신학적 지식을 토대로 어휘를 선정하는 것이다. 그러므로 영어나 국어 지식보다는 신학 지식이 무엇보다도 중요하다. 물론 신학 전공자가 아니어도 개인적인 노력으로 성경에 관한 지식을 잘 갖출 수 있고, 영어 전공자가 아니어도 번역을 할 수 있으며, 국어 전공자가 아니어도 교열은 볼 수 있다.

그러나 자신이 최종권위로 믿고 사랑한다는 〈킹제임스성경〉을 이렇게 급히 번역, 출간했어야 하는 이유가 무엇인가? 자타가 인정할 만한 성경 번역자로서의 실력과 자격, 학위 등을 갖추지 않고 번역을 먼저 시작하여 급히 낸 이유가 무엇인가?

기계공학과에서 냉동 · 공조 · 발전과 관련된 열역학을 연구하는 교수로 재직하고 있는 그가 교수 업무를 정상적으로 수행하면서, 동시에 약 3년 만에 〈킹제임스성경〉을 번역했다는 것은, 만약 그것이 사실이라면, 번역의 품질을 떠나서 진정 대단한 일이 아닐 수 없다. 하물며 당시 신학 전공자도 아닌 그가 공학 서적도 아닌 성경을 말이다.

〈정동수 목사의 킹제임스 흠정역 성경 이야기〉에 따르면, 정동수 교수는 귀국하여 교수로 재임하기 시작한 1992년부터 성경 번역 작업을 시작하여 8년 후인 2000년에 "킹제임스 흠정역"을 출간하였고, 1999년부터 미국 펜사콜라크리스천대학교 신학대학원을 다녀서 2001년에 신학석사를 받았으며, 아울러 같은 해 목사 안수를 받았다. 그러나 귀국 후 교수로 재임하기 시작한 1992년부터 성경 번역을 시작했다는 진술은 "**상식적이지 않게 너무 짧은 번역 기간**"을 늘리고, "**번역 시작 시점**"을 〈한글킹제임스성경〉 출간 이전으로 옮기기 위해 실제 시점보다 앞당겨 진술한 것이 아닌가 하는 의심이 든다. 물론 번역 준비 기간도 어느 정도는 번역 기간에 포함시켜 말할 수는 있지만, 그렇다면 그 짧은 기간 중에 번역 준비 기간은 얼마며, 실제 번역 기간은 얼마인가?

신학으로 학사, 석사, 박사 학위를 받은 〈한글킹제임스성경〉의 번역자 이송오 박사가 준비 과정에서 출간까지 13년이 걸린 것과 비교해 보면, "**킹제임스 흠정역이 (번역자의 말을 신뢰하여) 8년 만에 출간된 것**"은 진정 우리나라 번역사에서 획을 긋는 "**신비**"가 아닐 수 없다.

"**킹제임스 흠정역**"의 저자는 진정 〈킹제임스성경〉을 직접 번역했을까? 그의 번역 책상 위에 〈한글킹제임스성경〉과 "개역성경"이 함께 놓여 있었던 것이 아닐까? 하나님께서는 아실 것이다.

짖지 못하는 개는 가짜 목사이다

『내가 그 교회에 편지를 썼으나 그들 중에 으뜸이 되기를 좋아하는 디오트레페가 우리를 영접하지 아니하니라. 그러므로 내가 가면 그가 행하는 일들을 기억하리라. 그가 악한 말로 우리를 헐뜯고, 그것으로도 만족하지 않고 형제들도 영접하지 아니하며, 그렇게 하고자 하는 자들을 방해하여 교회에서 내어쫓는도다.』(요삼 1:9,10).

미국의 배교한 근본주의자들을 추종하는 "**킹제임스 흠정역**"의 번역자 "**정동수**"는 배교한 근본주의자들의 『**사사로운 해석**』(벧후 1:20)을 받아들여 "**킹제임스 흠정역**"에 반영하였다. 그는 이런 사사로운 해석으로 영어 〈킹제임스성경〉의 권위까지 실추시켜 버린 것이다.

정동수가 추종하는 미국의 배교한 근본주의자들 중 하나가 "**존 맥아더**"(John F. MacArthur)인데, 그는 존 맥아더의 책 〈성경의 핵심을 꿰뚫어라〉(The Heart of the Bible)를 설교 시간에 소개하였고, 개인 블로그에도 소개하는 글을 올려놓았다. 그렇다면 그가 존경하는 존 맥아더는 성경을 존중하는 사람일까? 존 맥아더는 예수 그리스도께서 직접 하신 말씀인 『**요나가 사흘 낮과 사흘 밤을 고래 뱃속에 있었듯이, 인자도 그처럼 사흘 낮과 사흘 밤을 땅의 심장 속에 있을 것이라.**』(마 12:40)라는 말씀을 문자 그대로 받아들이지 않고, 로마카톨릭의 "**성 금요일**" 교리(예수 그리스도께서 금요일에 죽으시고 일요일에 부활하셨다고 주장하는 거짓 교리)에 동조한다. 그는 버젓이 "**사흘 낮과 사흘 밤이라는 표현이 반드시 24시간씩 3일을 언급하는 것은 아니다.**"라고 거짓말한다. 말하자면 금요일 반나절, 금요일 밤, 토요일 낮, 토요일 밤, 이렇게 "**하루 반의 낮과 이틀 밤**"이 『**사흘 낮과 사흘 밤**』을 의미한다는 로마카톨릭의 거짓 교리를 그대로 주장하는 것이다.

정동수는 〈킹제임스성경〉을 문자 그대로 믿는다고 하면서, 왜 이런 자들과 연합하는 것일까? 정동수는 미국의 배교한 근본주의자들처럼 고립과 소외를 매우 공포스러워한다. 자신의 저서 **〈정동수 목사의 킹제임스 흠정역 성경 이야기〉**에서는 자신이 미국 근본주의 침례교회의 전통을 존중하여 교회를 운영한다고 주장하면서도, 근본주의 침례교회의 정통 교리로는 결코 용납할 수 없는 교리를 가지고 있는 한국 기독교계에서는 어떻게 해서든지 소외되지 않으려고 발버둥 친다.

「저희는 미국의 근본주의 독립침례교회를 벤치마크해서 교리를 가르치고 설교하며 주일 오전과 오후, 그리고 금요일 저녁에만 모이고 있습니다. 기존 한국 교회와 모임의 횟수나 형식이 다르지만 그것은 성경에 위배되는 것도 아니고 교리적 문제가 따르는 것도 아니며 미국의 침례교회들과 비슷한 형식일 뿐입니다. 제가 믿고 가르치는 조직 신학 교리는 리버티, 댈러스, 밥 존스 신학교와 거의 동일하다고 보셔도 됩니다.」 기존 교단의 새벽 기도회나 금요일 철야 기도회 등 잘못된 관행을 질타하기는커녕 "**성경에 위배되는 것도 아니고 교리적 문제가 따르는 것도 아니며 미국의 침례교회들과 비슷한 형식일 뿐입니다**."라고 변명하기에 급급하다. 성경적 진리를 실행하는 것처럼 내세우면서도 "**이단**"으로 낙인찍힐까 봐 전전긍긍하는가?

「저나 제 동료들은 한국의 대표성경인 개역(개정)성경을 까닭 없이 폄하하려 한 적이 없습니다. 이것은 개개인의 믿음의 문제이지 무력으로 밀어붙일 문제가 결코 아니기 때문입니다... 그러나 침례교, 장로교, 감리교 등의 차이로 교리적 해석이 다른 문제나 실행이 다른 문제는 서로 인정하고 복음 안에서 각자 믿음대로 행하면 될 것으로 판단합니다.」 배교한 근본주의자들의 특징은 미국이나 한국이나 "**잘 믿는 척하라. 그러나 교리는 건드리지 말라.**"이다. 장로교의 저주받을 "**칼빈주의 5대 강령**"이나 감리교의 "**믿음으로 구원이 유지된다**"는 "**행위구원론**" 등 잘못된 교리를 지적하고 사람들을 잘못 인도하는 타 교단의 폐해를 바로잡기 위해 노력해야 할 침례교도로서의 의무를 저버리고 있다.

성경은 분명히 『**무엇이 주를 기쁘시게 할 것인지 입증하라. 열매 없는 어두움의 일들에 관여하지 말고 오히려 그것들을 책망하라.**』(엡 5:10,11)라고 말씀하셨다. 그런데 잘못된 교리로 교인들을 지옥으로 내몰고 있는 장로교와 감리교 등의 교단들에 대해서 「각자 믿음대로 행하면 될 것」이라고 말한다는 말인가? 정동수는 『**그의 파수꾼들은 눈멀었고, 그들은 모두 무지하며, 그들은 모두 말 못하는 개들이니 그들이 짖지를 못하며 잠자고 눕고 졸기를 좋아하느니라.**』(사 56:10)라는 말씀이 정동수 같은 배교한 근본주의자들에게 하신 하나님의 말씀임을 반드시 깨달아야 한다. 그는 교단들의 잘못을 지적하기는커녕 어떻게든 잘 지내 보려고 안간힘을 쓴다. 참 애처롭다. 그들에게 소외당할까 봐 그렇게 두려운가? 성경 말씀에 따라 그는 미국의 배교한 근본주의자들과 같이 "짖지 못하는 개"임을 스스로 깨달아야 한다. 자기 자신을 속이지 말라.

하긴 그는 예장백석 교단이 「귀하에 대한 이단성 보고서를 채택하지 않았으므로 이단으로 결정한 바가 없습니다.」라는 공문을 보내자, 「공정하고도 선한 결정을 내려 주신 백석 교단에 다시 한 번 감사를 드립니다.」라는 입장문을 발표했다. "칼빈주의 5대 강령"을 추종하며 올바른 구원의 복음도 전하지 못하는 이단이 "이단으로 결정한 바가 없다"고 하니 그렇게 좋은가?

그와 그의 교회는 "**구령**"을 하지 못한다. 거리에 나가서 "**거리 설교**"를 하고, 구원의 복음을 전하면, 『**세상을 소란케 한 자들**』(행 17:6)이라는 비난을 받을까 봐 두렵고, 혹시 "**다른 교단 교인들을 빼 간다**"는 비난을 받을까 봐 두려워하는 모양이다. **"킹제임스 흠정역"은 아무런 열매도 맺지 못했다**.

예전에 "**여호와의 증인들**"은 대문에 [○○교회]라는 표가 있는 집에 들어가 파수대 교리를 전했다. 무신론자에게 전하는 것보다 하나님 믿는다는 사람을 현혹하는 것이 쉽기 때문이었다. 정동수도 성경에 대해 설명할 때마다 "**개역성경**"과 비교하지 않고, 항상 〈한글킹제임스성경〉을 폄하하기 위해 노력한다. 〈킹제임스 성경〉에 대한 믿음이 있는 사람들을 현혹하여 빼 가는 것이 더 쉽기 때문이다.

개인의 교리서 "킹제임스 흠정역"

1. 침례가 구원하는가? (벧전 3:21)

『**물은 예수 그리스도의 부활하심으로 인하여 이제 우리를 구원하는 모형이니, 곧 침례라. (이것은 육체의 더러움을 제거하는 것이 아니라 하나님을 향한 선한 양심의 응답이라.)**』(한글킹제임스성경)

「그 일과 같은 모형 곧 침례가 예수 그리스도의 부활로 말미암아 이제 또한 우리를 구원하는데 (*이것은* 육체의 더러운 것을 제거하는 것이 아니요, 선한 양심이 하나님을 향하여 응답하는 것이니라.)」(킹제임스 흠정역)

침례가 구원하는가? 침례가 여기에서 구원받을 때 일어나는 영석 침례를 의미한다고 억지로 둘러댈 수 있을지 모르지만, 괄호 안의 설명이 이 침례가 물리적인 침례임을 보여 주고 있다. 정동수는 침례로 구원받는 행위 구원을 주장하려는 것인가?

2. 침례가 죄를 사하는가? (행 2:38, 마 28:26, 막 1:4, 눅 3:3, 롬 3:25)

『**베드로가 그들에게 답변하기를 "회개하라. 그리고 죄들을 사함받은 것으로 인하여 너희 각자는 예수 그리스도의 이름으로 침례를 받으라. 그러하면 너희가 성령의 선물을 받으리라.**』(Then Peter said unto them, Repent, and be baptized every one of you in the name of Jesus Christ for the remission of sins, and ye shall receive the gift of the Holy Ghost.)(행 2:38).

「이에 베드로가 그들에게 이르되, 회개하고 너희 각 사람이 예수 그리스도의 이름으로 침례를 받아 죄들의 사면을 얻으라. 그리하면 너희가 성령님을 선물로 받으리니」

「침례를 받아 죄들의 사면을 얻으라.」는 명백히 행위 구원을 의미한다. 그러나 이 구절은 그런 의미가 아니다. 회개를 하면 죄들을 사함받는다. 그것을 고백하는 의미로 예수 그리스도의 이름으로 침례를 받으라는 것이다. 그러면 성령의 선물을 받게 된다는 것이다. 결코 침례를 받아야 죄들을 사함받는 것이 아니다.

3. 이접적 구절 논리로 재창조를 부정할 수 있는가? (창1:2)

『**땅은 형체가 없고 공허하며 어두움이 깊음의 표면에 있으며 하나님의 영은 물들의 표면에서 거니시더라.**』(<u>And</u> the earth was without form, and void; and darkness was upon the face of the deep. And the Spirit of God moved upon the face of the waters.)

정동수는 미국의 배교한 근본주의자들처럼, 창세기 1:2을 1:1의 부연 설명(이접적 구절)이라고 주장한다. 즉, 태초에 하나님께서 하늘과 땅을 창조하셨을 때, 땅은 형체가 없고 공허했다는 것이다. 그렇다면 하나님께서는 무엇을 창조하신 것인가? "<u>**형체가 없는 공허**</u>"를 창조하셨다는 것인가? 그러면서 여러 가지 이접적 구절을 열거한다. 그러나 정작 And로 시작하는 이접적 구절은 하나도 제시하지 못하고 있다. 왜냐하면 And로 시작하는 이접적 구절은 없기 때문이다. And는 중학생이면 다 아는 대표적인 "<u>**등위접속사**</u>"이다. 즉 앞뒤의 문장이 서로 종속성 없이 대등한 경우에 사용된다. 그러므로 "<u>**이접적 구절**</u>"을 형성할 수 없는 것이다.

성경에는 "<u>**땅이 형체가 없고 공허하다**</u>"(the earth was without form, and void;)라는 표현이 두 군데 나온다. 창세기 1:2, 예레미야 4:23이다. 『**내가 땅을 보았더니, 보라, 형체도 없고 공허하며 하늘들에는 빛도 없더라.**』(렘 4:23). 예레미야 4:23도 "<u>**기존에 있던 것이 심판으로 황폐하게 된 상태**</u>"를 표현하기 위해 사용되었다. <u>**성경의 표현이 의미하는 바는 성경이 스스로 입증해 준다.**</u>

4. 사전의 용례로 재창조를 부정할 수 있는가? (창 1:28)

하나님께서는 아담에게 다음과 같이 말씀하셨다. 『**하나님께서 그들에게 복을 주시고 하나님께서 그들에게 말씀하시기를 "다산하고 번성하며 땅을 다시 채우고[replenish] 그것을 정복하라. 그리고 바다의 고기와 공중의 새와 땅 위에서 움직이는 모든 생물을 다스리라." 하시니라**』(창 1:28). 이것은 노아에게 주셨던 명령과 동일하며, 상황도 동일하다.

정동수는 1828년에 나온 〈웹스터 사전〉 초판과 1913년 판의 replenish라는 단어를 어법과 문법을 동원하여 매우 자세히 설명하면서 "다시 채우다"가 아닌 그냥 "채우다"의 의미로 사용되었다고 주장한다. 일단 replenish가 "다시 채우다"의 의미로 사용된 최초의 문헌이 1612년이므로 그 이전에는 "다시 채우다"의 의미로 사용되지 않았다고 주장하는데, 이 주장은 누구나 알 수 있듯이 말도 안 되는 주장이다. 문헌에 나왔다면 그 이전부터 그 의미로 사용되었기에 문헌에 쓸 수 있는 것이다. 사용되지 않던 의미로 기록하는 사람은 아무도 없다.

그러나 사전을 사용하는 그의 주장은 성경보다 사전을 우위에 두는 것이기도 하고, 정동수 자신이 자주 말하는 "성경의 내장 사전 기능"에도 위배된다. 성경의 표현은 성경이 입증한다.

창세기 9:1은 창세기 1:28이 어떤 상황에서 말씀하신 것인지를 보증한다. 『**하나님께서 노아와 그의 아들들에게 복을 주시며 그들에게 말씀하시기를 "다산하고 번성하여 땅을 다시 채우라**[replenish].』 홍수의 심판이 있은 후 노아에게 같은 말씀을 하고 계시는 것이다.

에스겔 26:2도 이 단어의 사용이 "줄어들었던 것이 다시 채워지는 것"에 사용되었다. 『**인자야, 투로가 예루살렘을 대적하여 말하기를 "아하, 백성의 문들이었던 그녀가 깨어져서 내게로 돌이켰도다. 이제 그녀가 황폐케 되었으니 내가 다시 채워지리라**[I shall be replenished]." **하니**』 정동수는 사전의 용례를 들먹이며

"**다시 채우다**"의 의미로 사용될 때는 자동사로만 사용되었다고 거짓말하는데, (사실은 거짓말이라기보다는 영문법에 무지한 것이다.) 에스겔 26:2의 "**다시 채우다**"는 수동태이다. 자동사로는 수동태를 만들지 못한다.

5. "솔로몬의 아가"와 "사사기"는 올바른 번역인가?

정동수는 "**솔로몬의 노래**"를 "**솔로몬의 아가**"라고 번역한다. 아가는 아름다운 노래라는 뜻이다. 물론 솔로몬의 노래는 아름답지만, 이렇게 번역해도 되는가?

"**재판관기**"는 "**사사기**"라고 번역한다. "**사사**"는 중국에서 법률에 따라 형벌을 집행하던 집행관이었다. 사사에는 "**통치자**"나 "**지도자**"의 개념이 들어 있지 않다. 구약성경의 재판관들은 사사라고 할 수 없다. 중국 성경에서 온 개역성경의 잘못된 단어를 그대로 사용해도 되는가?

6. 예언자인가, 대언자인가?

정동수는 〈한글킹제임스성경〉이 영어 단어를 사전에 있는 단어 뜻대로 번역하지 않았다고 비난한다. 그런데 그는 "**예언자**"(prophet)를 모두 "**대언자**"라고 쓰고 있다. 번역자는 적합한 한국어 단어가 없는 경우에 단어를 조어(造語)할 수 있다. 그것은 번역자만의 특권이라고 할 수 있다. 그러나 적합한 단어가 있는데, 왜 조어를 하는가? 게다가 영어 단어 예언자(prophet)와 예언하다(prophesy)에는 대언하다(speak for)의 뜻이 없다. 단어의 뜻마저 창안하는가?

7. 음부인가, 무덤인가?

정동수는 grave를 모두 "**무덤**"이라고 번역하고 있다. 그러나 grave는 문맥에 따라 번역되어야 한다. 음부(grave)는 "**죽은 사람이 가는 곳**"으로서, 사전적으로는 "**사람이 죽은 뒤에 그 혼이 가서 산다고 하는 세상**"을 의미한다. 죽은 사람의 몸은 보통의 경우 "**무덤**"으로 가기 때문에, 음부를 "**무덤**"이라고 번역해도 말이 되는 경우가 많다. 그러나 『**이제 그의 혼이 음부에 다가가고 그의 생명이 멸망자들에게 다가가는도다**』(욥 33:22). 『**살아서 죽음을 보지 아니할 사람이 누구리이까? 그가 자기의 혼을 음부의 손에서 구해 내리이까? 셀라.**』(시 89:48)처럼 무덤으로 번역하면 말이 안 되는 경우가 있다. 구약의 경우, 사람이 죽으면 몸이 무덤으로 가기 전에 이미 혼이 지하 세계(낙원이나 지옥)에 갔다는 사실을 우리는 알고 있다. 그러므로 이런 구절에서 음부 대신 무덤을 쓰면 말이 되지 않는다. **그런데 이렇게 grave를 무덤으로만 해석하는 것은 바로 지옥이 없다고 믿고 싶어 하는 "여호와의 증인들"이 주로 주장하는 것이다.**

8. 아세라인가, 작은 숲인가? - 음역은 언제 필요한가?

정동수는 "**아세라**"(grove)를 모두 "**작은 숲**"이라고 번역했다. 성경에서 작은 숲 안에 만든 우상들은 따로 우상들이라고 언급되고 있기 때문에 아세라는 그냥 작은 숲이라는 의미로만 사용되었다는 논리이다. 그런데 이것은 언어가 사용되는 용례를 모르는 무식한 말이다. "**어떤 중이 그 산에 절을 지었다.**"라는 말은 절만 짓고 그 안에 불상은 만들지 않았다는 뜻이 아니다. 절을 지었다는 말 안에 불상도 같이 만들어 넣었다는 의미가 포함되어 있다. 그런데 불상이 있다는 것을 분명히 강조하고 싶을 때는 "**어떤 중이 그 산에다 불상과 절을 지었다.**"라고 표현할 수도 있다. 이런 표현일 때에는 절이 불상을 제외한 순수한 건물만 의미한다고 말할 수 있다. 또한 "**그 중이 그 절을 섬겼다.**"라는 표현도 쓴다. 이런 표현에서 그가 그 절 건물을 섬겼다는 의미로 받아들이는 사람은 아무도 없다. 그 절 안에 있는 우상을 섬긴 것이다. **그러므로 아세라는 아세라로 음역하는 것이 올바**

른 번역이다. 그래서 "아세라"라는 말이 나오면, 작은 숲 자체인지, 우상을 포함한 작은 숲인지, 작은 숲으로 표현된 그 안에 있는 우상을 일컫는 것인지 문맥에 따라 판단해야 한다.

『이스라엘 자손이 주의 목전에 악을 행하였고 주 그들의 하나님을 잊어버리고 바알들과 아세라들을 섬겼더라』(판 3:7). (우상)

『그들이 또한 모든 높은 산 위와 모든 푸른 나무 아래에 그들을 위하여 산당들과 형상들과 아세라들을 세웠으며』(왕상 14:23). (우상을 포함한 작은 숲)

『아세라들과 새긴 형상들과 부어 만든 형상들을 산산이 부수어 가루로 만들고 그들에게 제사지냈던 자들의 무덤들 위에 뿌렸고』(대하 34:4). (우상)

『또 아사왕의 어머니 마아카에 관해서도, 그녀가 아세라 안에 우상을 만들었으므로 그가 그녀를 태후의 자리에서 폐하였으며, 아사가 그녀의 우상을 찍어 내고 그것을 빻아서 키드론 시냇가에서 불살랐더라』(대하 15:16). (작은 숲)

『또 그가 주의 전으로부터 그 아세라를 예루살렘 바깥 키드론 시내로 가지고 나가 키드론 시내에서 불사르고, 잘게 빻아 가루로 만들어 그 가루를 백성의 자녀들의 무덤들 위에 뿌렸더라』(왕하 23:6). (우상)

9. 골육인가, 살붙이인가? - 더 적합한 단어는 무엇인가?

정동수의 억지 시비는 오히려 비웃음을 살 만한 수준이다. 창세기 37:27을 보면, **『오라, 그를 이스므엘인들에게 팔고, 우리 손을 그에게 대지 말자. 그는 우리의 형제요, 우리의 골육이라.』**(Come, and let us sell him to the Ishmeelites, and let not our hand be upon him; for he is our brother and our flesh.)라는 부분이 나온다. 정동수는 여기에 나온 flesh를 "골육"이 아닌 "살붙이"로 번역해야 한다고 주장한다. 그 이유는 살붙이는 flesh의 번역으로 적합하지만, 골육은 골(bone)과 육(flesh)이므로 골(bone)을 임의로 첨가했기 때문에 부적합하다는 것이다.

그러나 이것은 우리말의 용례를 잘 모르고 주장하는 것이다. 일단은 "**골육**," "**살붙이**," "**피붙이**"는 서로 유의어이다. 즉 비슷한 말로서 서로 바꿔서 사용할 수 있다. 이것을 부정할 수 있는 사람은 아무도 없다. 그러므로 어떤 단어를 선정하느냐는 순수하게 번역자의 권한하에 있다. 정동수의 논리대로라면, "**피붙이**"로 번역했다가는 "**성경 변개자**"로 낙인찍혀야 한다. 왜냐하면 살(flesh)을 피(blood)로 번역했기 때문이다.

여기서 좀 더 나아가 국어사전을 찾아보면, 골육은 "**부자, 형제 등의 육친(肉親)**"이라고 정의되어 있다. 그런데 살붙이와 피붙이는 둘 다 "**혈육으로 볼 때 가까운 사람. 보통 부모와 자식의 관계에서 쓴다.**"라고 되어 있다. 핵심은 여기에 있다. 여러분이 번역자라면 어떤 단어를 선택하겠는가? "**보통 부모와 자식의 관계에서 쓴다.**"라는 부연 설명이 된 "**살붙이**"나 "**피붙이**"를 사용하겠는가? 아니면 특별한 제한 사항이 없이 "**부자, 형제 등의 육친**"이라고 되어 있는 "**골육**"을 선택하겠는가?

번역은 아무나 해서는 안 된다.

■ 새롭게 깨달았거나 적용할 내용이 있다면 적어 보세요. ■

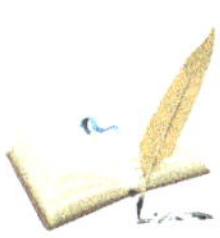

제5과
복습문제

1. 『이와 같이 좋은 나무마다 좋은 (　　　　　　)를 맺고, 나쁜 나무는 나쁜 (　　　　　　)를 맺느니라. 좋은 나무가 나쁜 (　　　　　　)를 맺을 수 없으며, 나쁜 나무가 좋은 (　　　　　　)를 맺을 수 없느니라』(마 7:17,8).

2. 『무엇이 주를 기쁘시게 할 것인지 (　　　　　　)하라. (　　　　　　) 없는 어두움의 일들에 관여하지 말고 오히려 그것들을 (　　　　　　)하라』(엡 5:10-11).

3. 『물은 **예수 그리스도**의 부활하심으로 인하여 이제 우리를 구원하는 모형이니, 곧 (　　　　　　)라. (이것은 육체의 더러움을 제거하는 것이 아니라 **하나님**을 향한 선한 양심의 응답이라.)』(벧전 3:21).

4. 『다산하고 번성하며 땅을 (　　　　　　) 채우고 그것을 정복하라. 그리고 바다의 고기와 공중의 새와 땅 위에서 움직이는 모든 생물을 다스리라』(창 1:28).

5. 『내가 땅을 보았더니, 보라, (　　　　　　)도 없고 (　　　　　　)하며 하늘들에는 빛도 없더라』(렘 4:23).

■ 복습 문제의 정답은 홈페이지(www.solomonbtc.org)에서 확인할 수 있습니다.

제6과

〈한글킹제임스성경〉을 최종권위로 믿는 이유

『오 **주**여, 주의 말씀은 영원히 하늘에 세워졌나이다』(시 119:89).

인생 최고의 선물

『**주의 말씀들은 순수한 말씀들이라. 흙 도가니에서 단련되어 일곱 번 정화된 은 같도다. 오 주여, 주께서 이 말씀들을 간수하시리니 주께서 이 세대로부터 영원토록 그것들을 보존하시리이다**』(시 12:6,7). 모든 좋은 선물과 온전한 선물이 하늘에 계신 하나님 아버지로부터 내려온다. 우리의 손안에 들려 있는 〈한글킹제임스성경〉은 우리의 "인생 최고의 선물"이다. 마지막 배교한 교회 시대에 "한글을 모국어로 사용하는 그리스도인들"이 하나님으로부터 받은 큰 복들 가운데 하나는, 하나님께서 영감으로 기록하시고 섭리로 보존하신 이 성경, 곧 성경대로 믿는 그리스도인들의 참된 교회사와 순교자들의 피 흘린 발자취를 따라 면면히 이어져 왔으며, 특히 한국인 그리스도인들의 믿음과 실행의 최종권위로 하나님께서 승인해 주신 이 〈한글킹제임스성경〉이 현재 우리의 손안에 들려 있다는 사실이다.

나는 종종 "이 성경이 내 손에 없었다면 어떻게 되었을까?"라고 자문해 보곤 한다. 우리가 이 땅에 태어나서 지상 생애를 마감할 때까지 이 성경을 단 한 번도 소유해 본 적이 없다면 어떻게 되었을까? 읽어 본 적도 없고, 공부해 본 적도 없으며, 단 한 번도 믿어 본 적이 없다면 어떻게 되었을까? 이 성경을 사랑해 본 적도, 깊이 묵상해 본 적도, 암송해 본 적도 없다면, 또는 이 성경으로 예배를 드려 본 적도 없고, 이 성경대로 살아 본 적도 없다면 어떻게 되었을까? 그런 삶은 "불행"을 넘어 "비극"이다!

〈한글킹제임스성경〉을 최종권위로 믿는 이유

올해로 이 땅에 〈한글킹제임스성경〉이 출간된 지 28년이 되었다. 1994년 4월 12일에 이 성경이 나왔을 때 그것은 "기적"이었고, 하나님께서 한글을 모국어로 사용하는 그리스도인들에게 주신 "놀라운 선물"이었다!

지금으로부터 약 137년 전, 기독교가 처음 들어왔을 무렵의 우리나라는 갑신정변(1884년), 동학농민운동(1894년), 청일전쟁(1894-1895년), 명성 황후 시해 사건(1895년), 아관파천(1896년), 조선왕조 몰락 및 대한제국 선포(1897년), 러일전쟁(1904-1905년) 등과 같은 긴박했던 역사의 "격동과 비운의 시기"를 지나고 있었다. 세계열강들의 침략과 수탈과 간섭으로 암울한 시기를 보내야 했던 이 "흑암의 땅"에 기독교가 들어와, 하늘에서 비치는 한 줄기 "빛"이 이 "죽음의 땅"의 불쌍한 백성들을 소생시켜 주는가 싶었는데, 그 빛은 금세 사그라들고 말았다. 왜냐하면, 그 빛을 따라 들어온 것은 "변개된 성경"(로스역, 1882년)과 "변질된 복음"(복음과 진리보다는 학교와 병원 설립이 우선이었던 "사회 복음")이었기 때문이다.

과거에 급제한 수재이자, 1881년 고종의 지시로 일본에 파견된 "신사유람단"의 일원인 "이수정"은 한 일본인 교수에게서 복음을 듣고 구원받은 것으로 알려져 있는데, 한번은 그가 도쿄에 있으면서 조선으로 선교사를 보내 달라는 편지 한 통을 미국 기독교계에 보낸 적이 있었다(1883년). 당시 이 편지는 큰 반향을 불러일으켰고, 이것이 계기가 되어 1885년 4월 5일에 미국 장로교의 "언더우드"와 감리교의 "아펜젤러"가 이 격동의 땅에서 선교하기 위해 제물포로 들어오게 되었다. 그때 이래로 1945년까지 60년 동안 우리나라로 들어온 개신교 "해외 선교사"는 무려 1,529명이나 된다고 한다. 하지만 그들이 들어와서 주로 했던 일은, 하나님의 섭리로 올바르게 보존된 성경을 번역하는 사역이나 복음 전파를 통한 구령 또는 진리의 지식을 통한 양육이 아니었다. 이 나라 백성들로 하여금 암담하고 비참한 땅에서 가질 수 있는 유일한 소망으로 예수 그리스도의 재림을 기다리게 한 것도 아니었다. 그저 기독교를 "구국과 저항의 종교"로서 이 땅에 뿌리내리게 했으며, 우리나라 "근대화의 정신적 지주 역할"만 담당했을 뿐이다. 다시 말해 미국 선교사들은 사대문 밖 일반 백성들이 사는 마을들로 가서 의술을 베풀고 아이들을 가르쳐서 근대적인 교육이 싹트게 했고, 독립운동이나 사회운동이 일어날 수 있는 기반을 마련한 것이다.

그들의 사역 방향이 이러하다 보니, 근대적인 사회운동은 많은 진전을 보였을지 모르지만, "필라델피아 교회 시대"에서 볼 수 있었던 참다운 영적 부흥이나 대각성 운동은 단 한 번도 일어나지 못했다. 소위 "부흥 운동"으로 잘못 알려진 "평양부흥운동"이나 "원산부흥운동"은 배교한 "라오디케아인들의 교회 시대"에 전 세계적인 "오순절 은사주의 운동의 물결" 속에서 나타난 "마귀적인 열매"였을 뿐이다. 격동과 파란의 근대사 속에서 더해진 "영적인 참극"이로다! 하지만 지금이라도 뒤늦게나마 우리가 소망을 가질 수 있는 것은 1994년에 출간된 〈한글킹제임스성경〉이 한글을 모국어로 사용하는 성경대로 믿는 성도들의 손에 들려 있기 때문이다. 이것은 기적 중의 기적이다! 마지막 시대 중에서도 마지막 시대, 곧 배교한 교회 시대 중에서도 예수 그리스도의 공중 재림을 바로 목전에 두고 있는 이 마지막 시대에 참다운 말씀과 참다운 복음을 전혀 맛보지도 못한 채 우리나라는 그냥 끝나 버릴 수 있었다. 그러나 어려워서 못 할 일이 전혀 없으신 하나님께서는 이 마지막 시대에 그것도 "우리나라"에 바른 성경을 위시하여 바른 복음과 진리의 지식을 허락하심으로써 마지막 희망과 개혁의 불길을 일으킬 기회와 은혜를 베풀어 주셨다. 『**하나님께서는 너희에게 모든 은혜를 넘치게 하실 수 있나니 모든 것을 언제나 너희가 필요한 대로 가질 수 있게 하심으로 모든 선한 일에 넘치게 하시려는 것이라**』(고후 9:8).

전 세계의 언어는 약 6천 개이고, 이 중 100만 명 이상의 인구가 사용하는 언어는 250가지 정도다. 또한 자국의 언어를 가진 국가는 28개국이고, 로마자나 한자의 변형이 아닌 순수하게 독창적인 고유 문자를 사용하는 국가는 6개국에 불과한데, 그중 하나가 바로 우리나라다. 한글의 과학성과 우수성은 세계적으로도 인정받고 있으니, 곧 제1차(2009년), 제2차(2012년) 세계문자올림픽에서 금메달을 차지한 것이다. 이것만으로도 자부심을 느낄 만한 일이지만, 간과해서는 안 될 보다 더 중요한 점이 있다. 곧 하나님께서 과연 "그 언어를 존중해 주시는가?"이다. 하나님께서 이 세상에 언어를 주신 것은 일차적으로 "인간과 인간 사이의 소통"이 아니라 "하나님과 인간 사이의 소통"을 위해서였다. 하나님께서는 인간과 소통하실 때 "말과 언어"로 하신다. 은사주의자들의 "방언"과 같은 짐승들의 소리로 하시는 게 아니다. 특히 오늘날 교회 시대에는 "기록된 언어"로 성경을 주셔서 인간과 소통하신다. 만일 언어는 있는데 그 언어로 하나님과 소통할 수 있는 "성경"이 번역되어 있지 않다면, 주님께서 그런 언어를 존중해 주실 리 만무하다. 따라서 언어는 그 언어로 된 "바른 성경"이 있을 때 그 진가가 발휘된다. 영어가 전 세계 공용어가 된 것은 순전히 영어 〈킹제임스성경〉 덕분이다. 바른 성경이 출간되자 하나님께서 그 언어에 복 주신 것이다. 한글 역시 바른 성경을 만나지 않았다면 어떤 가치도 부여받지 못했을 것이다. 따라서 〈한글킹제임스성경〉이 나왔을 때에야 비로소 하나님께서 우리의 민족과 언어를 더욱 주목하시기 시작했다는 점을 알아야 한다!

미국의 "피터 럭크만 목사"는(1921-2016) 영어 〈킹제임스성경〉이 영어를 모국어로 사용하는 사람들에게 왜 최종권위인가를 권위 있게 설명하고 증명할 수 있는 독보적인 학자였고, 성경적 지식에 관한 한 타의 추종을 불허하는 참된 성경 교사이자 열정적인 복음 전파자였다. 생전에 그는 열 살 이전부터 독서를 시작하여 24,000권(연평균 270권) 이상의 책을 읽었고, 영어 〈킹제임스성경〉을 160회 이상 읽었다. "존 칼빈"(1509-1564) 이래로 500명 이상의 소위 유명하다는 "성경 주석가들"이 주석서에 범해 놓은 주요 오류들을 성경적으로 일일이 지적하여 바로잡았을 뿐만 아니라, 필생의 역작인 〈럭크만 주석성경, Ruckman Reference Bible〉을 펴냈다. 또한 "펜사콜라성경신학원"(Pensacola Bible Institute)을 세워 한평생 "신실한 일꾼들"을 길러 냈는데, 그곳 출신 중에는 세계 54개국의 오지에 파송된 선교사들이 있는가 하면, 미국 내에 적어도 70여 개의 지역 교회를 담임하는 목사들이 있으며, 감옥 사역, 신학교 교사, 복음 전파자 등의 전담 사역자들이 미국 전역에서 "성경대로 믿는 사람들"(Bible Believers)을 육성시키고 있다.

한번은 피터 럭크만 목사가 자신이 "영어 〈킹제임스성경〉을 하나님의 말씀으로 믿는 이유"에 관하여 칼럼 하나를 쓴 적이 있는데, 그 내용을 요약하면 다음과 같다.

첫째, 〈킹제임스성경〉이 이 세상에 처음 나타났던 시기 때문이다. 〈킹제임스성경〉이 역사의 무대에 처음 등장했을 때는 프랑스의 "무신론"(Atheism), 독일의 "합리주의"(Rationalism), 영국의 "이신론"(Deism) 등 하나님의 말씀에 반대하는 모든 이론과 철학이 성행하기 전으로서, 성령님께서 성경대로 믿는 사람들을 통해 아직은 효과적으로 일하실 수 있었던 시기였다. 말하자면 "성경 번역자들"이 하나님의 말씀에 대한 불신과 의심으로 "덜 오염된 시기"였던 것이다. 그러나 "변개된 성경들"(ASV, RSV, NASV, NIV 등)이 인쇄될 당시에는 이미 "번역 위원회들"이 각종 이론과 철학자들에 의해 "불신과 의심의 병"에 감염되어 있었다.

둘째, 하나님께서 그분의 말씀을 보존하신다고 약속하셨기 때문이다. 『**주의 말씀들은 순수한 말씀들이라. 흙 도가니에서 단련되어 일곱 번 정화된 은 같도다. 오 주여, 주께서 이 말씀들을 간수하시리니 주께서 이 세대로부터 영원토록 그것들을 보존하시리이다**』(시 12:6,7). 전능하신 하나님께서는 친히 기록하셔서 인류에게 주신 그 성경을 완벽하게 보존하시는데, 그 책을 영원히 보존하시겠다고 말씀하셨다. 설령 어떤 불신자들의 무리가 우리에게서 그 책을 빼앗는다 해도, 그 책은 어딘가 우리가 찾을 수 있는 곳에 반드시 있기 마련이다. 왜냐하면 하나님께서 그 책을 보존하시겠다고 약속하셨기 때문이다.

셋째, 하나님께서 그분의 말씀을 보존하시기 위해 사용하신 도구들 때문이다. 이 일을 위해 주님께서 쓰신 "제임스 왕"은 여러 면에서 하나님의 어리석은 종이었을지 몰라도 최소한 "사람"(교황) 앞에 엎드려서 "거룩한 아버지"라고 부르지 않았을 뿐만 아니라 그 누구에게도 자신을 "그리스도의 대리자"라고 부르지 못하게 했다. 성경 변개자들보다는 훨씬 더 나은 지각을 지닌 사람이었던 것이다. 〈킹제임스성경〉을 번역한 사람들도 마찬가지인데, 특히 그들은 이 성경을 번역하는 데 있어서 "올바른 필사본들"을 사용했고, "변개된 필사본들"이 틀렸다는 사실과 "외경들"은 성경이 아니라는 점을 올바르게 분별했다. 다시 말해 변개된 성경을 번역하고 추천하는 그 어떤 학자들, 목사들, 신학교들, 교회들보다도 훨씬 더 나은 지각과 분별력을 갖고 있었던 것이다.

넷째, 〈킹제임스성경〉을 공격하는 비평가들의 부정직함 때문이다. 그들의 문제는 자신들이 최종권위로 믿지도 않는 성경을 사용한다는 점이다. 성경대로 믿는 그리스도인은 자신이 읽고 공부하고 가르치고 설교하는 성경이 온전한 하나님의 말씀임을 믿고 최종권위로 여긴다. 그러나 성경을 의심하고 불신하고 공격하는 자들은 자신이 사용하는 성경을 최종권위로 믿지 않는다. 왜냐하면 그들은 자신이 사용하는 성경에도 오류가 있다고 생각하면서 "한 가지 성경"이 아닌 여러 개의 성경을 사용하는바 서로 다른 어떤 번역본이라도 다 믿고 수용하기 때문이다.

다섯째, 〈킹제임스성경〉이 주 예수 그리스도를 뛰어난 지위로 높여 주기 때문이다. 하지만 변개된 성경들은 하나같이 "예수 그리스도의 신성"을 공격한다(단 3:25, 슥 12:10, 눅 2:33,43, 요 1:18; 3:13; 6:69, 골 1:15, 딤전 3:16, 요일 4:3 등).

이에 나는 "왜 〈한글킹제임스성경〉을 하나님께서 한글을 모국어로 사용하는 그리스도인들에게 주신 최종권위이자 하나님의 온전한 말씀으로 믿어야 하는지" 그 이유에 관해 기술하고자 한다. 첫째, 이 성경은 〈킹제임스성경〉과 마찬가지로 하나님께서 섭리로 보존하신 올바른 원문에서 올바르게 번역된 성경이기 때문이다. 둘째, 이 성경은 우리말로 번역된 가장 정확하고 가장 권위가 있는 성경이기 때문이다. 셋째, 삭제되거나 첨가된 구절이 없으며 "없음"이라는 구절이 없는 성경이기 때문이다. 넷째, 필라델피아 교회 시대의 종교개혁과 부흥을 가져온 〈킹제임스성경〉의 맥을 그대로 잇는 성경이기 때문이다. 다섯째, 〈한글킹제임스성경〉이 왜 나와야 했는지 "성경적으로," "원문 비평학적으로," "상식적으로" 타당한 이유가 "서문"에 정확하게 기록되어 있기 때문이다. 정동수의 "흠정역"은 이 땅에 나와야 할 타당한 이유가 없다! 왜냐하면 이미 바른 성경인 〈한글킹제임스성경〉이 나와서 지난 28년 동안 많은 열매로 하나님을 영화롭게 해 드리고 있기 때문이다!

여섯째, 이 성경이 출간된 이후로 단 하루도 거르지 않고 한글을 모국어로 사용하는 사람들에게 "매일" 판매되어 지금까지 25만 권 이상 보급되었기 때문이다. 그러나 "흠정역"은 그렇지 못했다! 일곱째, 하나님께서 이 성경을 번역할 때 사용하신 도구, 곧 "이송오 목사"는 성경적 교리를 믿고 가르치는 "성경대로 믿고 실행하는 목사"이기 때문이다. 개역성경 및 개역개정판은 말할 것도 없고, "흠정역"을 번역한 정동수 목사는 미국의 배교한 근본주의 목사들과 손을 맞잡고 있다. 그러다 보니 그는 어떻게 해서든지 자기가 번역한 성경을 팔기 위해 이 나라의 썩어 빠진 기독교계와 손을 잡았고, 또 그들에 의해 이단이라는 꼬리표가 떨어지자 "감사의 인사"를 전하기까지 했다. 미국의 배교한 근본주의 목사였던 "제리 폴웰"과 한통속으로서 정치 사회 참여에도 열을 올린다! 여덟째, 이 성경은 앞서 언급한 피터 럭크만 목사를 만나게 해 준 성경이기 때문이다. 하지만 분별력이 없는 어리석은 정 목사는 럭크만 목사와 이송오 목사(성경침례교회 및 말씀보존학회)를 공격한다.

아홉째, 〈한글킹제임스성경〉이 낳은 수많은 열매 때문이다. 이 성경은 〈킹제임스성경〉처럼 예수 그리스도와 하늘에 영원히 세워져 있는 하나님의 말씀 그 자체를 드높인다. 또한 이 성경을 최종권위로 믿는 성도를 복음을 전파하는 구령자가 되게 한다. 하지만 정 목사는 자신이 번역한 "흠정역"조차 최종권위로 믿지 않으며, 그의 교회와 흠정역을 칭송하고 환호하는 교회들은 구령의 열매를 맺지 못한다. 이는 흠정역이 "죽은 성경"이기 때문이다. 〈한글킹제임스성경〉은 진리의 지식에 이르게 하고, 진리의 지식을 전파하게 하며, 예수 그리스도의 재림을 소망하게 한다. 이 성경이 낳은 200권 이상의 주옥같은 교리 서적들과 경건의 서적들 그리고 이 성경을 번역한 성경침례교회에 주어진 소중한 사역들을 보라! 무슨 증거가 더 필요하겠는가? 〈한글킹제임스성경〉을 흉내 내는 "흠정역" 등의 "짝퉁 성경들"을 조심하라. 또한 이 성경을 사용하면서 성경대로 믿는 사람들을 흉내 내는 가짜 목사들과 가짜 교회들도 조심하라. 『**너희는 그들의 열매로 그들을 알게 되리라**』(마 7:20).

■ 새롭게 깨달았거나 적용할 내용이 있다면 적어 보세요. ■

NOTES

복습 문제 정답

제1과

1. 영감
2. 감동
3. 호흡
4. X
5. O

제5과

1. 열매, 열매, 열매, 열매
2. 입증, 열매, 책망
3. 침례
4. 다시
5. 형체, 공허

<추 천 도 서>

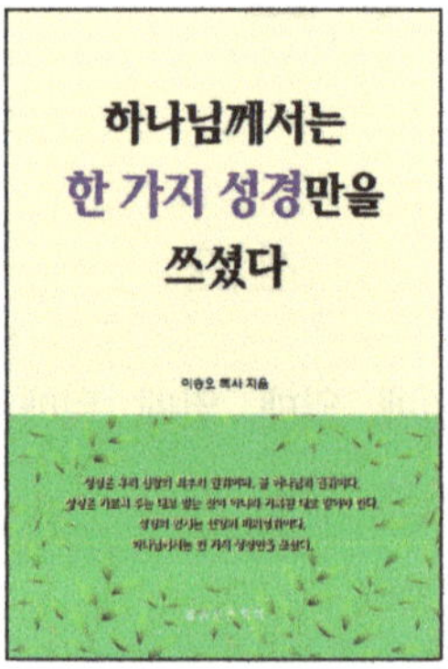

하나님께서는
한 가지 성경만을 쓰셨다

이송오 지음 / 288쪽
8,000원(eBook 5,600원)

본서는 하나님께서 자신의 말씀을 섭리적으로 보존하심을 설명한다.

섭리로 보존된
킹제임스성경

페리 록우드 지음 / 166쪽 / 7,000원

본서는 Living Bible, ASV, NASV 등과 킹제임스성경을 총체적으로 비교 분석하고 있다.

킹제임스성경에 감추어진
심오한 진리들

피터 럭크만 지음 / 160쪽
6,000원(eBook 3,900원)

본서는 "감추어진 진리들"이라는 주제로 약 200구절 정도를 다루고 있다.

킹제임스성경의
번역자들

알렉산더 맥클루어 지음 / 216쪽 / 14,000원

본서는 킹제임스성경까지의 간략한 번역사와 킹제임스성경의 번역자들에 관한 정보를 우리에게 알려주고 있다.

솔로몬 성경공부 시리즈

섭리로 보존된 성경의 유래

초판1쇄 2022년 4월 8일
초판2쇄 2022년 5월 27일
지 은 이 / 편 집 부
발 행 인 / 박 승 용
발 행 처 / 말씀보존학회
출판등록 / 1988. 12. 12. 제16-223호
주 소 / 서울 강서우체국 사서함 제90호
전 화 / (02) 2665 - 3743
팩 스 / (02) 2665 - 3302
인 터 넷 / www.biblemaster.co.kr

잘못된 책은 바꿔 드립니다.

값 10,000 원